Horst Leweling

# Aus dem Leben und Wirken
# von D. theol. Gustav Nebe

Bibliographische Information der Deutschen Bibliothek:
Die Deutsche Bibliothek verzeichnet diese Publikation in der Deutschen
Nationalbibliografie; detaillierte bibliografische Daten sind im Internet
über http://dnb.d-nb.de abrufbar.

Gestaltung: Veronika Grigkar (grigkar.de)

Umschlaggestaltung unter Verwendung eines Fotoporträts
von Gustav Nebe aus der Zeit seines Eisenacher Ruhestandes.
Vorhanden im Familienbesitz.

Herstellung und Verlag: BoD - Books on Demand, Norderstedt

Printed in Germany

ISBN 978-3-74603-229-0

Horst Leweling, geboren 1937. Nach dem Studium der Ev. Theo-
logie in Münster, Tübingen und Göttingen jeweils mehrjährige
Tätigkeiten als Gemeindepfarrer in Soest, als Ausbildungsleiter
der Diakonenschule der Westfälischen Diakonenanstalt
Nazareth/Bethel in Bielefeld, als Direktor der Ev. Bildungs- und
Pflegeanstalt Hephata/Mönchengladbach und als Theologischer
Vorstand des Ev. Luth. Wichernstifts in Ganderkesee.

# Aus dem Leben und Wirken von D. theol. Gustav Nebe

Generalsuperintendent
der Kirchenprovinz Westfalen
von 1883 bis 1905

**Vorgelegt von**
**Horst Leweling**

**FSC**
www.fsc.org

MIX

Papier aus ver-
antwortungsvollen
Quellen
Paper from
responsible sources

FSC® C105338

„Dem Erbe der Väter
wird man wohl am ehesten gerecht,
wenn man sich der Ambivalenz alles
menschlichen Tuns und Unterlassens
bewusst wird, also auch über die
Fehler der Väter nachdenkt –
bei aller Größe des Vermächtnisses."

Gerhard Wehr

*Gustav Nebe zu seiner Münsteraner Zeit*

# INHALT

# VORWORT

Im Jahre 1960 erhält Dr. Martin Nebe aus dem westfälischen Bocholt einen Brief seines Großonkels Professor Hermann Nebe aus Eisenach, dem langjährigen Burgwart der Wartburg. In diesem Brief kommt Hermann Nebe auf seinen Vater Gustav Nebe zu sprechen.

„Du bist gewiss darüber im Bilde", schreibt er seinem Großneffen Martin, „dass wir uns in diesem Jahr an den Geburtstag meines Vaters vor nunmehr 125 Jahren erinnern können." Neulich habe er, so Hermann Nebe in seinem Brief, davon gehört, es sei beabsichtigt, die Biographie seines Vaters herauszubringen. „Einer von den Herren [aus dem Landeskirchenamt] in Bielefeld" wolle sich unverzüglich an die Arbeit machen. Der habe sich vor einiger Zeit schon näher mit Generalsuperintendent Wilhelm Zoellner befasst, dem Generalsuperintendenten der Kirchenprovinz Westfalen von 1905 bis 1930, nun wolle er sich dessen Vorgänger im Amt des westfälischen Generalsuperintendenten zuwenden.

Darüber erfreut, hatte Hermann Nebe dem dazu bereiten Autor sogleich Einschlägiges zur Verfügung gestellt, darunter auch einige „Skizzen" aus dem Leben seines Vaters: über „das Zusammentreffen mit Bismarck" sowie über „das Zusammentreffen mit dem Bischof von Münster" (hier ist der im sogenannten Kulturkampf als „Bekenner-Bischof" besonders hervorgetretene Johann Bernhard Brinkmann gemeint), des Weiteren auch über „das Zusammentreffen mit der katholischen Kirche am See Genezareth" (also mit katholischen Christen unter den Teilnehmern einer „Reise in's Heilige Land", zu der der Kaiser aus Anlass der Einweihung der Erlöserkirche zu Jerusalem geladen hatte).

Aus welchen Gründen auch immer ist die geplante Biographie nicht zustande gekommen. Bedauerlicherweise sind auch die „Skizzen" Hermann Nebes nicht mehr greifbar. Immerhin ist in der von Dr. August Nebe, dem Vater von Martin Nebe, verfassten „Chronik der Familie Nebe von 1634 bis 1935" dazu einiges zu lesen, an dem man sich ersatzweise orientieren kann.

In seinem Brief erwähnt Hermann Nebe des Weiteren, ihm liege daran, dass das wertvolle Abschiedsgeschenk, das (wie er schreibt) „die Vertreter der Evangelischen Kirche meinem Vater zum Abschied (1905) dediziert haben", seinen Weg zurück nach Westfalen finde. Das habe er neulich „dem Präses D. Wilm" geschrieben, und sein Großneffe Martin solle darüber informiert sein, wenn er gelegentlich in Bielefeld (wo er doch nebenamtliches Mitglied der Kirchenleitung sei) darauf angesprochen werden sollte.

Das kostbare Abschiedsgeschenk wird heute unter der Bezeichnung „Nebe-Kästchen" im Archiv der Evangelischen Kirche von Westfalen verwahrt. Was es mit diesem „Kästchen" auf sich hat, wird noch ausführlich beschrieben, nur nicht sogleich im Vorwort. Höhepunkte gehören ja auch eher an den Schluss.

Vorweg nur kurz dies:
Gustav Nebe (1835–1919) war von 1883 bis 1905 Generalsuperintendent der preußischen Kirchenprovinz Westfalen und zugleich Vizepräsident des Konsistoriums, das seinen Sitz in Münster hatte.

Im Folgenden soll Gustav Nebes Weg von Thüringen nach Westfalen stationsweise nachgezeichnet werden. Und besonders soll dann von seiner 22 Jahre währenden Tätigkeit als „Oberhaupt" der Kirchenprovinz Westfalen die Rede sein.

Als Ruheständler lebte und wirkte Gustav Nebe danach in Eisenach. Dort starb er 84-jährig am 6. November 1919.

Auf den Einzelnachweis von Zitaten ist verzichtet worden. Alle Zitate sind als solche gekennzeichnet und stammen aus den im Literaturverzeichnis unter „Quellen" und „Literatur" aufgeführten Texten und Veröffentlichungen.

**Horst Leweling**
*Huntlosen, im September 2017*

# 1.
## DER GENERALSUPERINTENDENT I.R. UND DIE BESONDERE GESTALT SEINES FRÜHEREN AMTES

Am 15. Januar des Jahres 1912 hatte Gustav Nebe in seinem Eisenacher Haus, in dem er schon seit Jahren als Ruheständler lebte, eine große Zahl von Gästen zu empfangen. Von nah und fern kamen festlich gekleidete Besucher, um ihm zu seinem 50. Ordinationsjubiläum zu gratulieren. Es wurde eng und enger in seinem Haus, und bald fand niemand mehr Platz. Da stürmte das „Hausmädchen" herbei und meldete: „Herr Generalsuperintendent, draußen steht eine Deputation im Zylinder, sie kommt aus Uichteritz." „Aus Uichteritz?" wunderte sich Gustav Nebe. Gleich darauf erschien einer der Herren im Zylinder, der sich als Bürgermeister von Uichteritz vorstellte, jenes kleinen sächsischen Dorfes, in dem der Herr Generalsuperintendent (so wurde Gustav Nebe auch im Ruhestand noch angeredet) kurz nach seiner Ordination Landpfarrer geworden war. Was es mit einem Generalsuperintendenten eigentlich auf sich hatte (außer dass es sich dabei um ein hohes Amt handeln musste), wussten wohl die wenigsten genau. „Herr Generalsuperintendent": diese Anrede gehörte sich eben.

Bevor Gustav Nebe am 1. Oktober 1883 in Westfalen zu entsprechenden „Würden" kam, war das kirchliche Leitungsamt eines Generalsuperintendenten längst eingerichtet worden. Und zwar schon im 17. Jahrhundert, als dem landesherrlichen Kirchenregiment größerer Territorien daran gelegen war, das protestantische Kirchenwesen zweckmäßiger und übersichtlicher zu strukturieren. So wurden den Superintendenten, denen jeweils die Aufsicht über mehrere Kirchengemeinden oblag, sogenannte Generalsuperintendenten übergeordnet, die jeweils für eine bestimmte Anzahl von Superintendenturen zuständig waren. Und aus dem Braunschweigischen ist bekannt, dass es zeitweilig sogar einen den Generalsuperintendenten wiederum übergeordneten „Generalissimus" gab.

In Preußen gab es das Amt eines Generalsuperintendenten seit 1828, konnte in den preußischen Westprovinzen Rheinland und Westfalen aber erst nach Verabschiedung der Rheinisch-Westfälischen Kirchenordnung von 1835 besetzt werden. Entsprechend der neuen Kirchenordnung war dieses kirchenleitende Amt Bestandteil eines Leitungsmodells, das noch zwei weitere Leitungsämter kannte: das des Konsistorialpräsidenten und das des Präses der Synode. So fand sich Gustav Nebe, als er in Münster sein Amt angetreten hatte, als einer von „drei Kutschern auf einem Bock" vor, wie es später hieß.

Anfangs war noch der Oberpräsident der Provinz – in Westfalen hatte Freiherr von Vincke von 1815 bis 1844 dieses Amt inne – zugleich auch Präsident des Konsistoriums, also des vom landesherrlichen Kirchenregiment geschaffenen obersten kirchlichen Verwaltungsorgans, und der Generalsuperintendent fungierte dort als dessen Stellvertreter. Später dann war die Verbindung der beiden Ämter von Oberpräsident und Konsistorialpräsident nicht mehr praktikabel. Als Gustav Nebe sein Amt antrat, versah jedenfalls schon ein kirchlicher Verwaltungsjurist das Amt des Konsistorialpräsidenten.

An der Rheinisch-Westfälischen Kirchenordnung von 1835 ist abzulesen, wie sehr kirchlicher und staatlicher Bereich noch miteinander verflochten waren. Zwar waren die rheinische und die westfälische Provinzialkirche presbyterial-synodal strukturiert (bauten sich also gleichsam von unten nach oben auf) und waren in ihren Entscheidungen frei, aber eben nicht in *jeder* Hinsicht. Ihren Präses beispielsweise konnten die Synoden der Provinzialkirchen zwar selber wählen, aber die Konsistorialpräsidenten und Generalsuperintendenten zu bestimmen, war eine Angelegenheit des preußischen Königs. Zwar gab es für die Synoden die Möglichkeit, „an wichtigen Geschäften" des Konsistoriums teilzuhaben, insgesamt aber blieb es auf längere Sicht bei einer konsistorial ausgerichteten, der Bewegung von oben nach unten entsprechenden Kirchenpolitik, die erst nach dem ersten Weltkrieg endete, als der König kein „summus episcopus" mehr war.

Das Leitungsmodell der „drei Kutscher auf einem Bock", das Gustav Nebe in Westfalen antraf, war gewiss störanfällig. Es war ja auch stets neu ein Einvernehmen über Zuständigkeiten erforderlich. Generalsuperintendent und Konsistorialpräsident hatten sich zu Fragen der Betreuung und Verwaltung der Kirchengemeinden zu verständigen. Generalsuperintendent und Präses der Synode mussten sich gemeinsam Theologie und Kirchenordnung betreffende Fragen angehen lassen, und Präses und Konsistorialpräsident schließlich waren bei der kirchlichen Gesetzgebung und deren praktischer Umsetzung gemeinsam gefragt. Leicht hätte aus einer solchen Konstellation eine permanente „Dreierkonkurrenz" erwachsen können. In Westfalen jedenfalls haben die „drei Kutscher" gemeinsam Kurs gehalten. Was ihn selber betrifft, so bewahrte sich Gustav Nebe einen nicht unerheblichen Gestaltungsspielraum für seine Arbeit, wenngleich er nicht nur in Münster „strukturell eingebunden" war. Mancher Entscheidungen wegen bedurfte es ja auch der Abstimmung mit der obersten Verwaltungsbehörde der preußischen Landeskirche, dem seit 1850 bestehenden Oberkirchenrat (EOK) in Berlin. Und auch nach Gründung des Oberkirchenrates blieb der Generalsuperintendent dem preußischen Kultusministerium unmittelbar unterstellt.

Die Orden und Ehrenzeichen, die Gustav Nebe für sein Wirken als Generalsuperintendent verliehen bekommen hatte, verdecken heute mehr, als sie zum Ausdruck bringen. Auf einem Porträt, das ihn vor seiner Verabschiedung in den Ruhestand zeigt, wirken solche Auszeichnungen jedenfalls wie eine Art zweiter Haut, die das Erkennen des Porträtierten eher erschweren.

Was *hier* von Gustav Nebe mitgeteilt wird, soll ihn *besser* erkennen lassen, in summa als den in großer Übereinstimmung mit seinem frommen Elternhaus aufgewachsenen Schüler; den begabten, zielstrebigen und eigene Initiative entwickelnden Studenten der Theologie; den mit glänzenden Examensnoten in die kirchliche Praxis entlassenen jungen Pastor; den menschenzugewandten und volkstümlichen Prediger; den Mann mit Sinn und Gespür für Fragen der Organisation und Verwaltung; aber auch den an Literatur,

Musik und bildender Kunst Interessierten; den Theologen, der sich die soziale Frage angehen ließ, der sich für die Arbeit der inneren und äußeren Mission engagierte, der ein Herz für die Oekumene hatte; unbedingt auch den liebenswerten und humorvollen Mann der Freundschaft, nicht zuletzt aber auch den Repräsentanten religiös-patriotischer Überzeugungen, wie sie gerade für das letzte Drittel des 19. Jahrhunderts so charakteristisch waren.

Gustav Nebe, daran ist aus gegebenem Anlass immer wieder dankbar erinnert worden, hat in seinem Leben Spuren hinterlassen. Aber auch die Zeit, in der er gelebt hat, ist natürlich nicht spurlos an ihm vorübergegangen. Wie könnte es auch *anders* gewesen sein!

## 2.
## GEPRÄGT DURCH ELTERNHAUS,
## SCHULE UND STUDIUM

Johannes Friedrich Ferdinand Gustav Nebe wurde am 21. September 1835 in Roßleben an der Unstrut geboren. Er war das siebente von neun Kindern des Pfarrers Johannes Friedrich Nebe und seiner Ehefrau Christiane Franziska geb. Wilhelmi.

Sein Vater war, bevor er Pfarrer in Roßleben wurde, „Divisionsprediger in Coblenz, dann Oberprediger in Wetzlar", wie es in Gustav Nebes Lebenslauf heißt. Seine Mutter, als „gemütstiefe und humorvolle rheinische Pfarrerstochter" beschrieben, war – nach dem frühen Tod ihrer Mutter – in St. Goarshausen herangewachsen, im Hause des Dekans Wilhelmi, des späteren hessischen Landesbischofs.

In seinem Roßleber Zuhause durfte sich Gustav „eines glücklichen Familienlebens freuen". „Bis in mein zehentes Jahr", so berichtet er, „erhielt ich theils in der Dorfschule, theils in Privatstunden bei meinem lieben Vater Unterricht. Da ich aber als der jüngste Sohn (nachdem meine älteren Brüder die Klosterschule Roßleben zu besuchen angefangen hatten) ganz allein stand und mein Vater durch sein Amt in Anspruch genommen wurde, kam ich Michaelis 1848 nach dem nur eine Stunde von meinem Heimatorte entfernt liegenden Progymnasium in Donndorf." Diese Schule, seinerzeit als „Gymnasium zu Kloster Donndorf" bekannt, verdankt sich einem im 13. Jahrhundert gestifteten Zisterzienserkloster, aus dem nach dessen Auflösung im 17. Jahrhundert eine Lateinschule wurde, später dann das von Gustav besuchte (bis zur Tertia führende) Progymnasium.

An die strenge Zucht dieser „Klosterschule" konnte sich Gustav nur schwer gewöhnen. Und da er zudem „sehr schwächlich" und des Öfteren auch akut „leidend" war, holten ihn die Eltern in Sorge um seine Gesundheit schon nach zwei Jahren wieder nach Hause zurück. Immerhin war er in Donndorf so weit gefördert worden,

*Die evangelische Kirche St. Andreas zu Roßleben*
*im Jahre 1928 anlässlich ihrer Weihe vor 200 Jahren.*

AUS DEM LEBEN UND WIRKEN VON D. THEOL. GUSTAV NEBE

dass er nun in die unterste Stufe der Roßleber Klosterschule, die Quarta, aufgenommen werden konnte. Doch kaum dass er am Unterricht teilgenommen hatte, wurde er ein halbes Jahr lang an's Bett gefesselt, „an einer Unterleibsentzündung tödtlich erkrankt", wie Gustav Nebe mitteilt. Obwohl er wegen seiner Erkrankung dem Unterricht so lange hatte fernbleiben müssen, wurde Gustav („unverdient", wie er meint) in die Tertia versetzt. Am liebsten hätte er sich, weil er befürchtete, den erhöhten schulischen Anforderungen nicht gewachsen zu sein, in die Quarta zurückversetzen lassen. „Aber ich schämte mich", heißt es dazu in seinem Lebenslauf. Zuletzt aber verdankte er der ermutigenden (weil offenbar wohl dosierten) Strenge seiner Lehrer die Entdeckung seiner eigenen Stärken. Nach und nach spürte er, dass er mit seinen Klassenkameraden in fast allen Belangen „gleichen Schritt" halten konnte. In *fast* allen. „Nur *ein* Feld war mir ganz unzugänglich: die Mathematik", bekannte er. Dabei sollte es allerdings nicht bleiben. Als er „eine Zeitlang in Secunda gesessen hatte", bemerkte er zu seiner großen Überraschung und Freude, dass auch die Mathematik eine nicht geringe Anziehungskraft auf ihn ausübte. Daneben machten ihn Physik und Deutsch „zu einem ganz anderen", auch das Interesse an Geschichte erwachte. Was ein demnächstiges Studium betraf, so hatte er „schon von Jugend auf" – spätestens seit er zu Ostern 1852 von seinem Vater konfirmiert worden war – den Wunsch, Theologie zu studieren.

Am 10. April 1854 legte Gustav Nebe an der Klosterschule Roßleben seine Reifeprüfung ab, übrigens als einer von insgesamt sieben Nebes, die im Register der berühmten Schule als Abiturienten verzeichnet sind.

Nicht selten lassen Abituraufsätze die besondere schulische Prägung ihrer Verfasser erkennen. Aber auch umgekehrt gilt: Oft genug verraten Themenstellungen (besonders, wenn sie in Frageform gekleidet sind), in welcher Weise sie im Sinne ihrer Themensteller tunlichst zu beantworten sind. Gustav Nebe hatte im Abitur das Thema zu behandeln: „Was zeichnet Preußens Geschichte aus?" Und als Motto war dem Thema die Frage Herders beige-

geben: „Wer sich selber nicht schützt, ist er der Freiheit werth?"
Der Abiturient Gustav Nebe weiß vieles anzuführen, was in der
preußischen Geschichte seitens der Fürsten zugunsten ihrer Untertanen geschehen ist. Sie förderten „den Feldbau und die Gewer-
be", und sie gaben dem Handel dadurch Impulse, dass sie Kaufleu-
te in's Land ließen, „die entweder durch Naturereignisse oder
durch Fanatiker aus ihrer Heimat vertrieben worden waren".
Noch vieles mehr weiß Gustav Nebe zu loben, nicht zuletzt die
Nähe der Fürsten zu ihren Untertanen und deren Treue zu ihren
Fürsten. Hinsichtlich „Menge, Richtigkeit und Kraft" habe der Abiturient eine ordentliche Arbeit vorgelegt, war in der Beurteilung
zu lesen, angesichts formaler Mängel aber wurde nur ein „befrie-
digend" vergeben.

Wiederholt wird in der Arbeit hervorgehoben, die Größe Preußens, die auf dem „Zusammenhalt von Fürst und Volk" beruhe,
könne nicht ohne ihre religiöse Dimension verstanden werden.
„Eine so religiöse Nation [wie die preußische] musste auch eine in-
nige Liebe zu seinem so sehr um sie verdienten Herrscherhause
fassen", so der Abiturient; „denn so wie die Liebe zu Gott die erste
Pflicht des Menschen ist, so ist die Liebe zu dem von ihm einge-
setzten Herrscher die erste Pflicht des Bürgers." Schon im Frieden
übrigens müsse man sich abwehrbereit halten gegen „räuberische
Einfälle habsüchtiger Nachbarvölker". Nur wer sich schützt, sei ja
doch (so Herder) der Freiheit wert. Dem in die Geschichte der
Habsburger weisenden Wahlspruch (Gustav Nebe zitiert: „Bella
gerant alii, tu felix Austria, nube!") kann er wenig abgewinnen.
Vielmehr komme es doch gerade in für die Nation bedrohlichen
Zeiten auf mutiges, kraftvolles Handeln an – und auf das nötige
Gottvertrauen erst recht.

Na ja, Gustav Nebe war schließlich Schüler der Klosterschule
Roßleben, die sein älterer Bruder August, der dort *auch* Schüler
gewesen war, später mit den Worten charakterisierte: „[In ihr soll-
ten] junge Leute vom reiferen Knabenalter bis zum Übergang zur
Universität in klassischer Bildung, evangelischer Frömmigkeit
und echter Vaterlandsliebe herangebildet werden."

*Das Roßleber Pfarrhaus „Am Mühlgraben".*

Gleich nach seinem Abitur nahm Gustav Nebe in Halle sein Theologiestudium auf. Ob er wohl von seinem Bruder August mit auf den Weg bekommen hatte, er möge doch in seinem Studium in Halle nur ja nicht verpassen, die Professoren Tholuck und Müller zu hören? Schließlich erinnerte sich August Nebe immer dankbar daran, dass ihm gerade *diese* Professoren „in kirchlich und theologisch erregter Zeit" „treue, wegweisende Führer" geworden waren. August Nebes besondere Nähe zu Tholuck fand darin ihren Ausdruck, dass er seinem verehrten Lehrer „zu dem 2. December 1870, dem Gedächtnistage 50-jähriger akademischer Wirksamkeit", den dritten Band seiner Perikopen-Auslegung überreichte – „als schwaches Zeichen seiner herzlichen Liebe und Dankbarkeit".

Friedrich August Tholuck war „ein reiner Erweckungstheologe". Er hat sich wohl weniger durch seine eher konservativen Veröffentlichungen einen Namen gemacht als durch die seelsorgerliche Begleitung seiner Studenten. „Unzählige Studenten", schreibt

Karl Barth, erlebten bei ihm „eine christliche Seele" und empfingen „christliche Seelsorge". Auch Gustav Nebe fühlte sich zu ihm hingezogen und hörte seine Vorlesungen „mit rühmlichstem Fleiß", desgleichen auch die Vorlesungen der Professoren Jacobi und Müller, die Tholuck anfangs in vielem nahestanden. Auffällig, dass Gustav Nebe den in Halle zu gleicher Zeit lehrenden (als „Rationalisten" eingestuften) Professoren Wegscheider und Gesenius keinerlei Beachtung schenkte.

Im dritten Jahr seines Studiums zog es Gustav Nebe nach Heidelberg. Dort fand er Gelegenheit, die Professoren Rothe, Schenkel und Umbreit zu hören, die als „Vermittlungstheologen" von sich reden machten. Ihnen lag in ihrer systematisch-theologischen Arbeit an der Überwindung der Kluft zwischen einem engherzigen Konfessionalismus und einem in der Theologie Platz greifenden wissenschaftlichen Geist, in kirchenpolitischer Hinsicht traten sie ein für eine Union von Lutheranern und Reformierten nach dem Muster des in Preußen dazu erlassenen königlichen Dekrets vom 27.9.1817.

Bei Rothe konnte Gustav Nebe vor allem auf dem Felde der Ethik einiges lernen. Rothe, von Tholuck herkommend und „zeitlebens ein Pietist", galt als originell und war jeder Form frommer Rechthaberei gründlich abhold. Bei Schenkel, der zu den Freunden Rothes zählte, und bei Plitt hörte Gustav Nebe „praktische Theologie". Dass ihm „durch besondere Freundlichkeit" (von wem auch immer) die Gelegenheit geboten wurde, als Gast „in das [in Heidelberg bestehende] Predigerseminar" aufgenommen zu werden, wusste er sehr zu schätzen.

Schon in Halle erwiesen sich die von Gustav Nebe und einigen seiner Kommilitonen eingerichteten sogenannten „Kränzchen", in denen das in Vorlesungen und Seminaren Gebotene nachbereitet und vertieft werden konnte, als ausgesprochene Bereicherung. So auch in Heidelberg. Manche Lehrveranstaltungen regten kleine Disputationen an, die der eigenen Vergewisserung und Urteilsbildung nur dienlich sein konnten. Waren es in den ersten Semestern – den Studienschwerpunkten „Exegese" und „biblische

Theologie" entsprechend – die „exegetischen Kränzchen", die das Studium begleiteten, wurden daraus in dem Maße, wie die systematische Theologie in den Vordergrund rückte, die „dogmatischen Kränzchen". Nachdem schon die Hallenser Professoren dem Theologiestudenten Gustav Nebe „rühmlichsten Fleiß" attestiert hatten, taten es nun auch seine Heidelberger Lehrer.

Inzwischen war aus dem Theologiestudenten der Examenskandidat geworden. Aus Gründen, die wir gleich erfahren, war Gustav Nebe darauf bedacht, sein erstes theologisches Examen zügig hinter sich zu bringen, und deshalb ging's zur Vorbereitung darauf schon im Wintersemester 1856/57 wieder zurück nach Halle. In seinem Lebenslauf, den er vor dem ersten theologischen Examen einzureichen hatte, schreibt Gustav Nebe: „Jetzt bin ich nun über die gesetzliche Zeit des Studiums hinaus, aber ich würde dennoch nicht so mit dem Examen eilen, wenn ich nicht durch eine Kur, der ich mich unterziehen muß [...], dazu bestimmt würde." Er möchte die Kur nicht bis in's nächste Jahr verschieben, schreibt er. Zumal er dann „auf länger als einen Monat ganz arbeitsunfähig" sein würde und der Abschluss seines Studiums sich verzögere. Das wolle er aber mit Rücksicht auf seinen schon „bejahrten" Vater vermeiden, der „seinen jüngsten Sohn gern als Candidat [der Theologie] sähe". Hier übrigens wird der kränkelnde Gustav längst vergangener Schülertage in Erinnerung gerufen, dessen Gesundheit offenbar auch noch in späteren Jahren der Festigung und Pflege bedurfte.

Am 16. November 1857 legte Gustav Nebe in Halle sein erstes theologisches Examen ab, das Examen „pro licentia concionandi". Übrigens mit dem Prädikat „gut", in der Predigt mit „sehr gut". Unter seinen Prüfern befand sich auch Tholuck.

Im Anschluss an das erste theologische Examen hatte Gustav Nebe in Erfurt einen sechswöchigen Kurs zu absolvieren, der wohl der Vorbereitung auf die Tätigkeit in einer Kirchengemeinde dienen sollte. Danach blieb ihm noch Zeit, sich im Sommersemester 1858 in Tübingen umzusehen und (wie er mitteilt) „unter Palmer praktische Theologie zu treiben, auch Beck namentlich und Baur zu hören". Professor Palmer, als Vermittlungstheologe bekannt, war als praktischer Theologe vor allem durch seine Veröffentlichungen zu „evangelischer Homiletik" und „evangelischer Pädagogik" ausgewiesen. Professor Beck, dem Pietismus verbunden, hatte als charismatischer Seelsorger einen guten Ruf und mag bei Gustav Nebe eine Erinnerung an Tholuck ausgelöst haben. Auch den berühmten Ferdinand Christian Baur, Professor für Kirchen- und Dogmengeschichte, Konfessionskunde und Neues Testament, einen Verfechter wissenschaftlicher Freiheit theologischer Forschung, lernte Gustav Nebe ein Jahr vor dessen Tod noch kennen. Während bei der Erwähnung der Professoren Palmer und Beck Positives anklingt, wird Ferdinand Christian Baur (pietistischen Kreisen als „Heidenbaur" nicht geheuer) lediglich erwähnt.

Aus Tübingen zurückgekehrt, hatte Gustav Nebe das Glück, Anfang Oktober 1858 eine Hauslehrerstelle bei Graf von der Schulenburg-Bodendorf in Bodendorf bei Neuhaldensleben antreten zu können. Als Hauslehrer hatte er dort die Aufgabe, die gräflichen Kinder Marie (13 Jahre), Levin (9 Jahre) und Isabelle (6 Jahre) zu unterrichten; der Neuhaldensleber Superintendent Müller war sein Mentor. Die Gräfin Marie, später einmal auf die Tätigkeit des jungen Theologen als Erzieher und Seelsorger angesprochen, erinnerte sich an ihren früheren Hauslehrer in großer Dankbarkeit.

Am 19. Juli 1859 dann – kurz vor dem Tod seines geliebten Vaters – bestand Gustav Nebe in Magdeburg, dem Sitz der Kirchenleitung der Kirchenprovinz Sachsen, sein zweites theologisches Examen („pro ministerio"). Das gelang ihm ebenso glänzend wie schon sein erstes Examen. Und unter den Prüfern war wiederum Tholuck.

Die Chance, gleich nach dem zweiten Examen eine Pfarrstelle zu erhalten, war seinerzeit gering. Gustav Nebe blieb deshalb zunächst in seiner Hauslehrerstelle. Im Herbst 1860 zwar bot sich ihm die Gelegenheit, in ein außergewöhnliches Amt zu wechseln, aber er verzichtete darauf, weil seine Mutter ihn dafür nicht

„freigeben" wollte. Ihm war von der „Evangelischen Gesellschaft für die Deutschen Nordamerikas" angeboten worden, nach Wisconsin zu gehen, um dort eine Aufgabe in der deutsch-lutherischen Synode zu übernehmen. Man warb sehr um ihn, wie aus einem langen Briefwechsel hervorgeht, aber Gustav Nebe respektierte schließlich den Wunsch seiner Mutter, er möge doch in ihrer Nähe bleiben. Seine erste Pfarrstelle bekam Gustav Nebe bald darauf in Uichteritz.

# 3.
## LANDPFARRER IN UICHTERITZ

„Ihm war eine gewisse Originalität eigen." So oder ähnlich klang es immer, wenn man sich einmal wieder vor der Bilderwand aufbaute, an der die Ahnenporträts zu sehen waren. Und mit dem Hinweis auf „eine gewisse Originalität" wurde dann jeweils das Porträt Gustav Nebes bedacht. Sogleich stellte sich auch die Erinnerung an den Generalsuperintendenten ein, der damals im Zylinder die Reise nach Jerusalem mitmachte, zu der der Kaiser eingeladen hatte, weil dort die Erlöserkirche eingeweiht werden sollte. Ja, der Zylinder wurde schon in jüngeren Jahren – jedenfalls längst ehe er auf der Reise ins Heilige Land seine See- und Wüstentauglichkeit unter Beweis stellen konnte – zum Erkennungszeichen von Gustav Nebe, und dem war in der Tat eine gewisse nicht nur an seinem Zylinder festzumachende Originalität eigen.

*Evangelische Kirche Uichteritz mit ehemaliger Schule.*

Das empfand man bald auch in der Kirchengemeinde zu Uichteritz, deren Pfarrer Gustav Nebe geworden war. Ende 1861 gewählt (nach einem „Localprobegottesdienst" mit einer „ganz ordentlichen Predigt" über Römer 15, 4–13 und auch nach einer „vortrefflichen Catechisation" über 2. Petrus 1, 20.21), wurde er nach seiner Ordination am 15. Januar 1862 in Magdeburg und seiner „Eidesablegung vor dem dort versammelten Collegio" dann am 9. Februar desselben Jahres in Uichteritz eingeführt.

Mitten in Uichteritz steht die mächtige, mit einem Geläut von fünf Glocken ausgestattete alte Dorfkirche aus dem 13. Jahrhundert, eine der schönsten weit und breit. Kurz nachdem die Einführung von Gustav Nebe dort feierlich begangen worden war, hielt nun der Patron des Dorfes, Graf Julius von Zech-Burkersroda Einzug in die Kirche. Er hatte einer längeren Auslandsreise wegen am Einführungsgottesdienst nicht teilnehmen können. Gleich nach seiner Rückkehr nun überraschte er den jungen Pfarrer mit einem großzügigen Geschenk. Er stellte ihm ein Reitpferd zur Verfügung, weil ja doch, so erklärte er, auch in den Filialen Storkau und Lobitzsch Gottesdienste zu halten seien und der Herr Pfarrer dann dort schneller und „vom Staube unberührt" zur Stelle sein könne.

Später genoss Gustav Nebe seine Ritte zu den Filialgemeinden auch deshalb, weil damit eine besondere Marotte verbunden war. Auch sein Amtsbruder aus dem Nachbardorf Markwerben war beritten und hatte Filialen zu besuchen. Auf den Höhen zwischen Storkau und Obschütz kreuzten sich die Wege der beiden Amtsbrüder, und bald freute man sich an einem bestimmten Ritual. Wer von beiden zuerst den Kreuzweg erreichte, stieg vom Pferd und schrieb in den Sand und im Winter in den Schnee: VENI (ich kam). Der später Eintreffende ergänzte die Botschaft durch sein VIDI (ich sah). Und wer von beiden nach seinem Gottesdienst als erster zurück war, setzte schließlich triumphierend sein VICI (ich siegte) hinzu. Erzählstoff für die Dorfschenke! Wie auch die folgende Begebenheit: Pfarrer Nebe und sein Patronatsherr stehen vor Beginn des Gottesdienstes zum Gespräch zusammen, derweil Gottesdienstbesucher an ihnen vorbeiziehen und von ihrem Pfarrer durch Zuruf jeweils herzlich begrüßt werden. Als eine größere Familie des Weges kommt, ruft Pfarrer Nebe erfreut: „Guten Tag, ihr lieben Schweinigels". Diese Begrüßung wiederholt sich noch zweimal. Alsdann lässt sich der Graf vernehmen: „Aber Herr Pfarrer, eine solch unpassende Begrüßung von Gemeindegliedern ist mir noch nicht vorgekommen. Wie nennen Sie die Leute? Schweinigel? Ich muss doch sehr bitten!" Darauf Pfarrer Nebe: „Aber gestatten Sie, Herr Graf, hier im Dorf gibt es fünf Familien dieses Namens, drei sind soeben an uns vorbeigezogen, die beiden anderen kommen hoffentlich auch noch."

Gustav Nebe kam in Uichteritz an, wie man so sagt. Er war nahe bei den Menschen, und er wusste sie zu nehmen und anzusprechen. Bald hatten ihn besonders seine volkstümlichen Predigten über das Dorf hinaus bekannt gemacht, und seine rhetorische Begabung ließ auch die Kirchenoberen aufmerken. Nicht von ungefähr lud man ihn später ein, im sächsischen Landgebiet 14 Missionspredigten zu halten. Kam hier schon der begabte Kanzelredner zum Vorschein, als der er später als Generalsuperintendent im westfälischen Münster bekannt wurde? Als seinerzeit ein Münsteraner Professor von einer Predigt des Herrn Generalsuperintendenten sehr angetan war und ein entsprechendes Lob anbringen wollte, fand er zu den von Gustav Nebe hernach humoris causa öfter zitierten Worten: „Alle Achtung, Herr Generalsuperintendent, es gibt hier in Münster nur zwei, die sich aufs Reden verstehen, der eine sind Sie, der andere bin ich."

Aber zurück ins sächsische Uichteritz: Über die Zeit, die Gustav Nebe dort seines Amtes waltete, sind wir durch seine Aufzeichnungen in der Uichteritzer Kirchenchronik für die Jahre 1862 bis 1867 vergleichsweise gut im Bilde.

Den Aufzeichnungen ist zu entnehmen, dass die Zahl der Gottesdienstbesucher und Kommunikanten zunächst sprunghaft, dann kontinuierlich angestiegen war; dass die Kollektenergebnisse ansehnlich waren, und dass es neben den sonntäglichen Gottesdiensten ein vielfältiges, gut angenommenes kirchliches Veranstaltungsprogramm gab.

Neben der regelmäßigen „Missionsstunde" in der Uichteritzer Kirche wurde für die Erwachsenen eine monatliche „Katechisation" eingerichtet, desgleichen (getrennt wie sich's gehörte) für die „Jünglinge" und „Jungfrauen". Und an jedem Mittwoch (mit Ausnahme der Passions- und Adventszeit) wurde zu einer gemeindlichen Bibelstunde eingeladen. Im Winter 1863 wurden allwöchentlich (und dann wohl auch in den folgenden Jahren) die „Jünglinge" der Gemeinde zu einem besonderen Abend ins Pfarrhaus eingeladen, um zusammen mit ihrem Pfarrer, unterstützt von einem sangestüchtigen Lehrer, vierstimmige Choräle zu singen. Aber auch Volkslieder und vaterländische Gesänge wurden angestimmt. „In den Pausen", so Gustav Nebe, „erzählte ich die Geschichte der Freiheitskriege". Ein religiös-patriotisches Programm. Wie denn auch der Kirchenjahreskalender religiös-patriotisch durchwirkt war.

[Im Februar des Jahres] „feierten wir durch Festzug und Predigt über vorgeschriebene Texte ein doppeltes patriotisches Fest", verzeichnet die Kirchenchronik für 1863, nämlich „den 100-jährigen Gedenktag des Hubertusburger Friedens und den 50-jährigen Gedenktag der deutschen Erhebung [gegen Napoleon]". In der Schule wurde die Feier später wiederholt. Und „am 18. October feierten wir kirchlich den 50-jährigen Gedenktag der Leipziger Schlacht", heißt es weiter.

Noch um einiges patriotischer lesen sich die folgenden Stellen der Kirchenchronik. Im Jahre 1864 wurde „des zwischen Preußen und Oesterreich einerseits und Dänemark andererseits entbrannten Krieges" und seiner siegreichen Beendigung gedacht. So feierte man am 4. Advent in der Uichteritzer Kirche ein „Sieg- und Friedensfest", und Gustav Nebe stellte seine Predigt in Auslegung von Psalm 85, 10–12 unter das Motto „Der Herr ist unserem Volke nahe".

Schon hier, erst recht bei weiteren Eintragungen ins Uichteritzer Kirchenbuch, befremdet die Selbstverständlichkeit, mit der der Chronist Bibelworte, Gebete und Gesangbuchlieder zur Legitimierung vaterländischer militärischer Erfolge in Dienst nimmt. Offenbar haben seine im Studium so fleißig genutzten

„exegetischen Kränzchen" den jungen Pfarrer nicht davor bewahren können, biblische Texte gleichsam „gegen den Strich" zu lesen.

Im Blick auf die Ereignisse des Jahres 1866 wird in der Kirchenchronik dafür gedankt, was Gott auch „in *diesem* Jahre an unserem Vaterlande gethan hat". Die siegreiche Schlacht von Königgrätz wird mit dem Eintrag gewürdigt: „Gott sei Dank, der uns auch *den* Sieg gegeben hat durch Jesum Christum, unseren Herrn". „An dem [nachfolgenden] Freudenfeste zogen", so die Chronik, „alle einberufen gewesenen (sic) mit Musik von der Pfarre zur Kirche", der Altar wurde mit Fahnen behängt, und nach dem Gottesdienst wurde am „Reformationsjubiläumsstein" vor der Schule zu Posaunenspiel „Nun danket alle Gott" gesungen. Gustav Nebe empfand, dass eine Feier gelungen war, an der sich „unser lieber König, seinem Christengefühl folgend" gewiss hätte freuen können.

Was die Kriege von 1864 und 1866 betrifft, so wurde auch in Uichteritz unterstellt, dass sie notwendig waren, weil sie einer guten Sache dienten. Bei Gustav Nebe, so die Uichteritzer Chronik, klingt das Bedauern darüber an, dass es lediglich einem Einzigen seiner Gemeindeglieder vergönnt war, in Dänemark mitzukämpfen. „Am eigentlichen Kampf hatte nur einer die Ehre teilzunehmen", hält Gustav Nebe fest.

Das war zwei Jahre später, also im Kriegsjahr 1866, anders. Gustav Nebe dazu in der Chronik: „43 junge Männer aus unseren drei Gemeinden waren zu den Fahnen geeilt, sie haben gefochten auf den Schlachtfeldern Böhmens und Mährens bis vor Preßburg [...] und ihrer keinem ist ein Haar gekrümmt [worden]", woraufhin sogleich aus Psalm 91 zitiert wird, heißt es doch da (Ps.91,7): „Wenn auch tausend fallen zu deiner Seite und zehntausend zu deiner Rechten, so wird es doch *dich* nicht treffen". Immerhin konnte man an den über hundert gefangenen Österreichern, die auf dem Weißenfelser Schloss lagen, „Liebe üben", so der Chronist. „Im Rückblick auf dieses Jahr", so Gustav Nebe, „möchte ich rufen: ‚Lobe den Herrn, meine Seele und vergiß nicht, was er dir Gutes getan hat'. Was hat der Herr in diesem Jahre an unserem Vaterland getan? Der Herr hat Großes an uns getan!"

Das alles ist Ausdruck eines religiös aufgeladenen patriotischen Selbstverständnisses, das in der nachnapoleonischen Zeit erwachte, wo es galt, das zusammengebrochene preußische Staatswesen (sein Kirchenwesen desgleichen) zu reorganisieren. „Und nahezu alle nationalpatriotischen Motive der Freiheitskriege", so der Historiker Gerhard Besier, „der ‚deutsche Gott', der Kampf der Deutschen für die Ehre Gottes, für Sein Reich und gegen das Reich der Finsternis, sollten über gut 100 Jahre lang in immer neuen [...] Variationen die deutsche Geschichte begleiten und bestimmen."

Gustav Nebe war ganz „Kind seiner Zeit" und „Sohn seines Vaters". Ihm war zur Gewissheit geworden, dass eine Nation ohne religiöse Tiefe und patriotische Kraft keine Nation sein könne. Hatte nicht Freiherr vom Stein, der große preußische Reformer und überzeugte Christ, in seinem politischen Testament dazu festgehalten: „Damit [...] Treue und Glauben, Liebe zu König und Vaterland in der Tat gedeihen: so muß der religiöse Sinn des Volkes neu belebt werden"? Ernst-Moritz Arndt, als Freiheitskämpfer und in religiös-patriotischer Überzeugung dem Freiherrn vom Stein eng verbunden, konnte dem nur beipflichten. Eine solche Überzeugung spricht auch aus der Vita von Gustav Nebes Vater Johannes Friedrich Nebe. Der war im Jahre 1813 als Erzieher in der Familie des Grafen Lippe-Biesterfeld tätig geworden, dessen Familie „im Winter in Köln, im Sommer in Obercassel wohnte". Und in der gastfreundlichen Familie des Grafen war Johannes Friedrich Nebe in Obercassel auch mit Ernst–Moritz Arndt bekannt geworden, mit dem ihn bald engere als nur freundschaftliche Bande verbinden sollten. Schon vor seiner Erziehertätigkeit in der Familie des Grafen Lippe-Biesterfeld war Johannes Friedrich Nebe in gleicher Funktion zwei Jahre lang „im Hause des Staatsrats Jacobi in Pempelfort bei Düsseldorf" tätig gewesen. Und da sich Jacobi gern an den Dienst des jungen Erziehers in seiner Familie erinnerte, kam ihm der Gedanke, ihn im April des Jahres 1816 zusammen mit dem von ihm gleichfalls geschätzten Ernst-Moritz Arndt „zum Paten eines neugeborenen Pempelforter Knäbleins" zu laden. Damit verband Jacobi als Vater des Täuflings „die Hoffnung, daß auf dem Knaben der reine fromme Sinn, die deutsche Tugend und Freundlichkeit und der Stolz auf die Herrlichkeit und den Adel des Volkes, welchem er angehört, als die besten von vielen Gaben, welche in den edlen Herren und guten deutschen Männern zu erkennen sind, reichlich ruhen werde".

Hier kommt zum Ausdruck, in welchem Geist Gustav Nebe und das einige Jahre vor ihm ins 19. Jahrhundert hineingeborene „Pempelforter Knäblein" aufwuchsen und „zu Kindern ihrer Zeit" wurden.

Immer wieder gern hat sich Gustav Nebe an seine Begegnung mit Bismarck erinnert. Im Jahre 1863, kaum dass er in Uichteritz Pfarrer geworden war, fanden im Raum Weißenfels die sogenannten Königsmanöver statt. Gustav Nebe empfand es als Ehre, „als jüngster Pfarrer der Ephorie" daran teilnehmen zu dürfen. Es war am „Schwedenstein" bei Lützen, als er plötzlich einen kräftigen Schlag auf die Schulter zu spüren bekam, mit dem der damalige Premierminister Otto von Bismarck dem jungen Pfarrer bedeuten wollte, dass es liturgisch nicht in Ordnung sei, beim Gebet des Königs sein Barett abzusetzen. Für Gustav Nebe war das ein Ritterschlag der besonderen Art, und später erinnerte der Herr Generalsuperintendent gern an dieses Ereignis, wenn er in Berlin oder Münster mit Bismarck zusammentraf.

*Das am 6.11.1837 eingeweihte*
*Gustav-Adolf-Denkmal bei Lützen.*

*Das am 2.5.1872 auf dem Weißenfelser Nicolai-Friedhof enthüllte Novalis-Denkmal.*

# 4.
## OBERPFARRER UND SUPERINTENDENT IN WEISSENFELS

Sein Ruf als „volkstümlicher Kanzelredner" brachte Gustav Nebe die Berufung nach Weißenfels ein, wo er vom 1. Januar 1868 an zunächst als Oberpfarrer und „Superintendenturvikar" und ab September 1871 dann als Superintendent der Diözese Weißenfels wirkte. Das weite Betätigungsfeld, das ihm Gemeinde und Diözese ohnehin schon boten, wurde bald noch erweitert um den Auftrag zur Seelsorge an der in Weißenfels stationierten Garnison der 12. Husaren. Aber Gustav Nebes Aktivitäten erstreckten sich auch auf außerkirchliche Angelegenheiten.

Ein großes öffentliches Interesse fand die Enthüllung des Novalis-Denkmals am 2. Mai 1872, das zum 100. Geburtstag des mit Weißenfels besonders verbundenen Dichters der Frühromantik auf dem Weißenfelser Nicolai-Friedhof errichtet worden war.

*Die im Jahre 1303 geweihte frühgotische Hallenkirche St. Marien zu Weißenfels.*

Dem „Comité für Errichtung eines Novalis-Denkmals" gehörte Oberpfarrer und Superintendent Nebe als Vorsitzender an, als der er dann vor der Denkmalsenthüllung die „Weihrede" zu halten hatte. Seiner Ansprache lag ein Wort aus dem 2. Timotheusbrief zugrunde. „Schäme dich nicht des Zeugnisses von unserem Herrn" (2. Tim. 1, 8), heißt es da. „Heute nun", so der Festredner, „schmücken wir an dem hundertsten Geburtstag des Dichterjünglings sein Grab mit würdigem Schmuck. Denn [...] uns ist er theuer. Sein Name ist nicht wie viele andere nur in die Tafeln der Geschichte eingetragen, er bleibt in die Herzen eingeschrieben, wenn er auch nur eine kurze Morgenstunde seine Harfe rührte. Und was ihn uns theuer sein läßt, ist nicht bloß seine Begeisterung für alle Ideale, für alles Gute, Wahre und Schöne, die ihn mit den Besten unseres Volkes in inniger Freundschaft verband, uns ist er theuer und wir segnen dafür an dieser Stelle sein Gedächtniß, weil er sich des Zeugnisses unseres Herrn nicht geschämt, weil er zum Preise seines Heilandes Lieder gesungen hat."

Nachdem der Redner dann „aus diesen Liedern eine Reihe köstlicher Zeugnisse dargeboten [hatte]", schloss er mit den Worten: „Und nun zum Werke, lasset die Hülle fallen und zeige dich, du edles Bild". Zum Vorschein kam die auf einem schlesischen Marmorsockel platzierte Novalis-Büste des Bildhauers Friedrich Schaper. Und danach „hallte dann, von [einem] schönen kräftigen Männerchor gesungen, das Lied über den Gottesacker: „Wenn ich ihn [Christus] nur habe, wenn er mein nur ist!"

Noch an einem anderen Denkmalprojekt war Gustav Nebe beteiligt. Als Vorstandsmitglied im „Comité zur Errichtung eines Denkmals für die im Kriege 1870/71 gebliebenen Weißenfelser" hatte er sich eine längere Zeit über für das Zustandekommen des Denkmals mit eingesetzt, das schließlich am 2. September 1874 enthüllt und der Stadt Weißenfels übergeben werden konnte. In einem Anfang 1872 im Weißenfelser Kreisblatt veröffentlichten, von Gustav Nebe mitunterzeichneten Aufruf zur Denkmalserrichtung hatte man unter der Überschrift „Vergeßt die treuen Todten nicht!" dazu lesen können: „Die blutigen Kämpfe der Jahre 1870

*Gustav Nebe und seine Ehefrau*
*Luise Anna, geb. Hempel.*

und 1871 haben dem deutschen Volke ein theures Erbgut hinterlassen: die endliche Einigung der deutschen Stämme, die Sicherung der deutschen Grenzen, den Wiedergewinn der dem deutschen Lande entrissen gewesenen Provinzen und einen segensreichen Frieden." Und weiter: „Unsere Stadt zählt trauernd bis jetzt 26 ihrer Glieder, welche ihr Leben der großen Sache des Vaterlandes, der Wahrung deutscher Sitten und dem Schutz der Güter des Fleißes dargebracht haben."

Hier ist der Ton getroffen, auf den wohl auch die im September 1871 von Gustav Nebe im Rückblick auf die Ereignisse der Jahre 1870 und 1871 gehaltene „Dankespredigt" gestimmt war. Dazu war er möglicherweise als Gastprediger in den Dom zu Halberstadt eingeladen worden. Genaueres lässt sich dazu nicht ermitteln.

Aber bald schon sollte Gustav Nebe nach Halberstadt *berufen* werden, zunächst als „Domprediger und Superintendent", später auch als „Oberdomprediger und Kreisschulinspektor". Zuvor schon hätte er einer Berufung zum Oberpfarrer an der (heute verwaisten) Halberstädter St. Moritz-Kirche folgen können, der er aber seinerzeit nicht entsprochen hatte.

Gerade noch in seine Weißenfelser Zeit fielen die Verlobung und die Hochzeit Gustav Nebes mit Luise Anna Hempel (geb. 1846), der Tochter des Weißenfelser Justizrates Adolf Hempel und

Witwe des Kreisrichters Baensch. Der „Heiratskonsens" erfolgte am 25. 4. 1874, und am 19. Mai desselben Jahres fand die Hochzeit statt.

Der Abschied aus Weißenfels wurde ihm schwer gemacht. „Unserem allwerten Superintendenten Herrn Nebe brachte gestern Abend 9 Uhr der hiesige Bürger-Gesang-Verein (Kirchen-Chor) [...] einen Abschiedsgruß durch Vortrag entsprechender gemischt-chöriger Gesänge. Herr Superintendent Nebe dankte, sichtlich erfreut, in herzlicher Weise", berichtete das Weißenfelser Kreisblatt am 22. Juni 1874. Und „der Magistrat und die Stadtverordnetenversammlung" von Weißenfels lud tags darauf „zu Ehren des Herrn Superintendenten Nebe" zu einem „Abschiedsmahl" in „Schumann's Garten" ein. An „sympatischen und auszeichnenden Kundgebungen für den allgemein verehrten [zu verabschiedenden] Mann" wurde nicht gespart.

Nachzutragen bleibt, dass Gustav Nebe als Dank für seinen Dienst an den aus dem Krieg von 1870/71 verwundet zurückgekehrten Weißenfelsern vom König die Gedenkmünze für „Nichtkombattanten" erhielt. Das seinerzeit „in den Anlagen der Promenade" errichtete „Sieges- und Kriegsdenkmal" übrigens steht längst nicht mehr, es wurde im Jahre 1948 abgerissen.

Hier aber darf das Weißenfels-Kapitel noch nicht schließen. Gustav Nebe befasste sich in Weißenfels ja noch mit einem Thema, mit dem er sich vorher offenbar wenig oder gar nicht beschäftigt hatte. Jedenfalls ist nicht auszumachen, dass er in Zeiten zunehmender Industrialisierung deutlichere Worte zur problematischen Situation der Arbeiter gefunden hätte. Vermutlich ist er erst durch den „sächsischen Provinzialausschuss für Innere Mission" zur intensiveren Beschäftigung mit der „Arbeiterfrage" angeregt worden. Der „Generalversammlung" des sächsischen Provinzialausschusses hatte er jedenfalls einen Vortrag zugesagt, der im Jahre 1872 dann auch gehalten und danach veröffentlicht wurde. Sein Thema: „Die Stellung der Kirche zur Arbeiterfrage. Ein Wort an Alle, denen die Lösung der Frage am Herzen liegt." Der Vortrag läuft auf sieben Thesen hinaus.

Zunächst wird konstatiert, es gebe ein „Mißverhältniß zwischen Arbeitern und Arbeitgebern". Dem Evangelium entspreche aber doch „im Prinzip ein normales Verhältniß beider", so der Referent, indem es die Arbeitgeber als „Haushalter Gottes" und die Arbeiter als „Brüder" betrachtet wissen wolle (These 1). Die Kirche könne deshalb, wenn sie Verkünderin des Evangeliums sei, „an dem Mißverhältniß nicht schuld sein" (These 2). Auch sei das beklagenswerte Mißverhältniß „nicht nothwendige Folge [der] modernen Arbeitsorganisation" (These 3). Es habe vielmehr „seinen Grund im Abfall vom Geist des Evangelii, indem der Arbeiter nur als Arbeitskraft, der Arbeitgeber nur als Käufer derselben angesehen wird" (These 4). Und dann heißt es in kritischer Betrachtung der Rolle der Kirche, sie habe „den Anforderungen der Zeit nicht immer zu genügen verstanden". Was konkret bedeutet: „Sie hat geschwiegen, wo sie reden sollte, sie hat geruht, wo sie Hand anlegen sollte, sie hat ihre Kräfte unorganisiert gelassen, sie hat der suchenden Liebe gemangelt" (These 5). Desto mehr müsse sie sich verpflichtet fühlen, nun endlich an die Arbeit zu gehen. Und dann, so der Referent mit Nachdruck: „Dieser Arbeit höchstes Ziel ist die Wiedergeburt unseres Volkes zu einem sittlich-religiösen Leben. Dieser Arbeit kräftigstes Mittel ist und bleibt das Wort" (These 6). In der abschließenden These 7 sodann wartet Gustav Nebe mit konkreten Vorschlägen auf: die Arbeiter sollten beispielsweise „Hilfestellung" bei der Errichtung von „Sparvereinen" erhalten, durch die für Erspartes günstige Zinsen erzielt werden könnten, auch bei der Errichtung von „Consumvereinen", die durch Großeinkäufe für niedrigere Verbraucherpreise sorgten, nicht zuletzt auch Hilfestellung bei der Errichtung von „Produktiv-Genossenschaften", die Arbeitern auf Sicht dazu verhelfen könnten, selber als Unternehmer tätig zu werden.

Die Arbeitgeber werden zum Beispiel dazu aufgefordert, das Interesse der Arbeiter ihres Unternehmens u. a. dadurch zu fördern, dass sie ihnen eine Teilhabe am Unternehmensgewinn gewähren. Und die Kirche müsse darum bemüht sein, zugunsten der Arbeiter „auf die Gesetzgebung einzuwirken", um barmherzige, sprich sozialverträgliche Gesetze zu erreichen. Sehr vollmundig heißt es dazu: „Die Kirche muß der Mund der Armen sein, ihre Vertreter sind Zeugen vor den Königen und Rathsversammlungen, die laut ihre Stimme erheben für den Schutz der heiligen Gottesordnungen". Eher kleinlaut erfolgt aber sogleich der Hinweis, die Kirche könne eigentlich in der „sozialen Frage" konkret nichts bewirken, sie habe schließlich „als solche ja keine Vertretung in den Rathsversammlungen". Doch sei immerhin zu hoffen, so Gustav Nebe, dass das Wort der Kirche „bei den von Gott zum Regieren berufenen Organen nicht ungehört verhallt".

Zur Veränderung ungerechter Verhältnisse setzt Gustav Nebe ganz auf das „Radicalmittel des Wortes [Gottes]" und seine die Herzen der Menschen verändernde Kraft. Hier ist er ganz bei seinem früheren Tübinger Lehrer Johann Tobias Beck und dessen „Gedanken aus und nach der [Heiligen] Schrift". Gustav Nebe zitiert Beck mit den Worten: „Könnt ihr die Menschen nicht ändern, könnt ihr die Sachen und Verhältnisse auch nicht ändern, daß es besser wird." Aber ob durch das „Radicalmittel des Wortes" in der Arbeiterfrage wohl wirklich Entscheidendes würde bewegt werden können? Gustav Nebe gab die Hoffnung darauf nicht auf.

Bewegung aber kam in der Folgezeit nicht dadurch zustande, dass die „Herzen der Regierenden" bewegt wurden, wohl aber durch äußeren Druck. In dem Maße, wie die Industrialisierung an Fahrt aufnahm, verschärfte sich die „Arbeiterfrage". Und durch eine selbstbewusster agierende Arbeiterschaft und ihre internationale Vernetzung wurde der Staat schließlich zum Handeln genötigt.

Als Gustav Nebe am 1. Oktober 1883 in sein Amt als Generalsuperintendent der Kirchenprovinz Westfalen eingeführt wurde, waren gerade die Konturen der „Bismarckschen Sozialversicherung", wie man sie verkürzend später nannte, sichtbar geworden. Als erster von vorerst drei Versicherungszweigen hatte 1883 die Krankenversicherung Gesetzeskraft erlangt, danach 1884 die Unfallversicherung und 1889 dann die Altersversicherung. Es hatte wohl mit seiner Bismarck-Begeisterung zu tun, dass Gustav Nebe denen widersprach, die behaupteten, das alles sei staatlicherseits doch weniger aus Überzeugung als aus Berechnung geschehen, um die Arbeiter im Zaum zu halten. Bismarck sei ja doch kein Sozialpolitiker, sondern ein ausgesprochener Machtpolitiker. Aber, so könnte dann Gustav Nebe eingewandt haben, war denn schließlich nicht auch von Bismarck zu hören gewesen, als Staatsmann wisse er sich vor Gott dafür verantwortlich, zugunsten der Arbeiter „für [eine] christliche Fürsorge des Staates" einzutreten?

Natürlich kann im Nachhinein gefragt werden, ob sich Gustav Nebe in der „Arbeiterfrage" nicht auch anders hätte positionieren können, als er es (schon früh in Weißenfels und später auch andernorts) getan hat. Hätte er als „Mann der Kirche" in leitender Position nicht auch Verbindung zu denen suchen können, die sich außerhalb der Kirche und jenseits christlicher Motivation der sozialen Not der Arbeiter annahmen? Und hätte er an ihrer Seite nicht auch „öffentlich vor aller Welt" zum Anwalt einer sozial benachteiligten und notleidenden Arbeiterschaft werden können? Dem aber stand seine doppelte Gebundenheit entgegen. Die von Gustav Nebe repräsentierte evangelische Kirche war ja dem Staat inkorporiert, dem gegenüber er als kirchlicher Amtsträger zu Loyalität verpflichtet war. Der „Evangelische Oberkirchenrat" in Berlin urteilte, „es „gezieme der Geistlichkeit nicht, im tagespolitischen [auch sozialpolitischen] Streit" mitzuwirken, ein „Pastorensozialismus" jedenfalls fand nicht seine Billigung. Gustav Nebe war in seiner Bewegungsfreiheit eingeengt und hätte sich in der ihm am Herzen liegenden „Arbeiterfrage" nicht „öffentlich vor aller Welt" engagieren können. Seine Gebundenheit aber war nicht nur äußerer Art. Vielmehr war sein Wirken von der tiefen inneren Überzeugung getragen, dass „der Kirche kräftigstes Mittel zur Änderung ungerechter Verhältnisse" das Wort Gottes sein und bleiben müsse. Nicht zuletzt diese Überzeugung war es, die ihm kein „Ausgreifen in's Politische" gestattete. Er verstand sich ausschließlich zur „Radicalität des Wortes", von Radikalismen, wie sie in der „Arbeiterfrage" ansonsten Platz griffen, hielt er sich fern.

Hatte sich Gustav Nebe in seinem Weißenfelser Vortrag mit der „Arbeiterfrage" nur theoretisch befasst, ging er diese und andere soziale Fragen sehr bald schon praktisch und entsprechend hilfreich und notlindernd an.

An Johann Hinrich Wichern, von dem später noch die Rede sein soll, ist von Seiten seiner Biographen immer wieder hervorgehoben worden, er habe nachdrücklich dazu angeregt, das Christsein in die Tat umzusetzen; ja er sei unermüdlich tätig gewesen, wo immer es darum ging, vor Ort Not zu lindern.

Eine solche Charakterisierung könnte uns auch im Blick auf Gustav Nebe passend erscheinen, wenn wir Näheres über sein Wirken zunächst in Halberstadt und dann vor allem in Westfalen in Erfahrung gebracht haben.

# 5.
## OBERDOMPREDIGER UND SUPERINTENDENT
## IN HALBERSTADT

In der Rückschau auf seinen Lebensweg bezeichnet Gustav Nebe die neun Jahre, in denen er in Halberstadt sein konnte, als die schönste Zeit seiner pastoralen Tätigkeit „in der Gemeinde und für die Gemeinde". Gustav Nebe und „der wunderbaren Frau an seiner Seite", als die sie später anerkennend erwähnt wird, wurde das Einleben in neuer Umgebung leicht gemacht, und das lag vor allem an der lebendigen Gemeinde, in der sie sich in Halberstadt vorfanden. Dem Dienst für die Gemeinde, zu dem sich die beiden Eheleute je auf ihre Weise berufen und herausgefordert fühlten, konnte das nur guttun.

*Der im Jahre 1491 geweihte Dom zu Halberstadt (Südansicht).*

Am 31. Mai 1874 war der Umzug nach Halberstadt erfolgt, und am 5. Juli 1874 dann wurde Gustav Nebe im Dom zu Halberstadt durch den Generalsuperintendenten D. Moeller feierlich in sein neues Amt eingeführt.

Etwa ein Jahr später, am 9. Juni 1875, wurde das erste Kind der Eheleute Nebe geboren, der Sohn Fritz. Fritz, so ist überliefert, war „von Jugend auf krank". Der Vater taufte ihn am 19. Juni 1876 und später, am 20. September 1916, war es wiederum der Vater, der seinen behinderten Sohn beerdigen musste – seinerzeit in Eisenach, wo Gustav Nebe im Ruhestand lebte. Der silberne Becher, der Fritz zu seiner Taufe zugedacht worden war, ist noch im Familienbesitz. „Unserem lieben Fritzchen" ist darauf zu lesen.

Am 22. März 1877 wurde den Eheleuten ihr zweiter Sohn Hermann geboren, der später in Eisenach als Burgwart der Wartburg bekannt werden sollte und seiner Verdienste wegen ehrenhalber zum Professor der Geschichte ernannt wurde.

Gleich zu Beginn seiner Tätigkeit in Halberstadt nahm sich Gustav Nebe des kurz vor seinem Amtsantritt eröffneten Diakonissenhauses „Cecilienstift" in besonderer Weise an. Das Diakonissenhaus hatte sich zum Ziel gesetzt, Schwestern für Pflegedienste in der Gemeinde – und hier vor allem an Kindern – zu gewinnen und auszubilden. Die zunächst mit nur drei Schwestern begonnene Arbeit hatte sich bald in einer Weise entwickelt, dass schon 1876, um allen Schwestern Platz bieten zu können, ein größeres Haus bezogen werden musste. Als dann mit Gustav Nebe für das Cecilienstift ein „wesentlicher Förderer" zur Stelle war, zeichnete sich schnell eine weitere positive Entwicklung ab. Aus einem „Zahlenspiegel" des Jahres 1908 geht hervor, dass seinerzeit 216 „eingesegnete [also voll ausgebildete]" Schwestern im Einsatz waren – teils in der „Kinderpflege" [das war in 175 „Pflegen" der Fall], teils als „Gemeindepflegerinnen" [und dort „in 60 Pflegen"]. Sollte Gustav Nebe in seinem Eisenacher Ruhestand davon gehört haben, hätte ihn das gefreut und dankbar gestimmt.

Gustav Nebe war es auch zu verdanken, dass seinerzeit in Halberstadt eine „Herberge zur Heimat" gebaut werden konnte. Er und seine Frau engagierten sich für das „Projekt Herberge" auch in finanzieller Hinsicht, indem sie für den Bau des Hauses ein „auf 5 Jahre zinsfreies Darlehen von 20.000 Mark" zur Verfügung stellten. Am 7. Mai 1882 konnte das Haus eröffnet werden, es bot „22 Betten für fremde und 8 Betten für hiesige Handwerksgesellen". Und über die Auslastung des Hauses wird berichtet: „Im ersten Jahr nach der Eröffnung übernachteten [dort] 3837 Handwerker in 5724 Nächten."

Gustav Nebe und seine Frau hatten ein Haus am Domplatz bezogen, wohnten also in unmittelbarer Nähe der geschichtsträchtigen alten „Domkirche St. Stephanus und St. Sixtus".

Der Dom, nach dem Vorbild französischer Kathedralen in der Zeit zwischen 1236 und 1486 gebaut, war Mittelpunkt des von Karl dem Großen errichteten Bistums Halberstadt und wurde im Jahre 1491 durch den Magdeburger Erzbischof geweiht.

Mit verschiedenen Aspekten der Dombaugeschichte und besonderen Kapiteln der wechselvollen Bistumsgeschichte würde sich Gustav Nebe alsbald schon näher befassen und spätere Generationen durch seine Schriften daran teilhaben lassen. Aber vorerst einmal stand Gustav Nebe mit seiner Frau ganz unter dem Eindruck der 92 m hohen Dom-Türme, die ihm und seiner Frau das Gefühl gaben, beschützt zu sein. Die Türme waren in den Jahren 1858 bis 1861 hochgezogen worden und hatten den Dom zu einem weithin sichtbaren Wahrzeichen der Stadt gemacht.

Im Inneren des hohen gotischen Doms konnte einem ein „Raumerlebnis der besonderen Art" zuteilwerden, wie sich ein Besucher vernehmen ließ. Ein Erlebnis, das auch uns zuteilwerden kann: Beim Durchschreiten des Mittelschiffs, vorbei an zum Teil mit Statuen versehenen Pfeilern, erreichen wir mit dem Triumphkreuz über dem Lettner das wohl bedeutendste Kunstwerk des Doms. Und im Hohen Chor werden wir dann der Statuen der Apostel ansichtig und in einer Reihe mit ihnen auch der beiden Schutzpatrone des Doms, St. Stephanus und St. Sixtus. Und wenn wir von hier aus wieder zurück ins Mittelschiff gehen und die Pfeilerfiguren näher betrachten, so fällt auf, dass sie offenbar noch ergänzt werden sollten, wenigstens verraten das die zur Platzierung von Statuen an den Pfeilern angebrachten alten Konsolen und Baldachine.

Wenn die Ergänzung der spätgotischen Figuren unterblieben ist, so wird das mit der 1520 in Halberstadt eingezogenen Reformation zu tun gehabt haben, die sich in dieser Hinsicht offenbar zurückhaltend verhielt. Gustav Nebe aber kam beim Betrachten des Langhauses der Gedanke, eigentlich müssten doch die Pfeilerfiguren noch ergänzt werden. Dabei dachte er an Gestalten der Bibel und Kirchengeschichte, besonders auch an Gestalten der Bistums- und Reformationsgeschichte. Und so gewann er schließlich „den jugendlichen Bildhauer Weltring" für die Steinplastik des Doms und verschaffte ihm den Auftrag „für einige historische Figuren an den Pfeilern des Mittelschiffs". Für die zu erstellenden Figuren wurden Stifter gefunden, und so entstanden in den 70er Jahren des 19. Jahrhunderts die Standbilder von Adam und Eva, Johannes dem Täufer, von Augustinus, Martin von Tours und Bonifatius. Zur Erinnerung an die Bistumsgeschichte wurden die Standbilder der Bischöfe Hildegrim, Buko und Conrad geschaffen, zur Erinnerung an die Reformationszeit die von Luther und Melanchthon, des Weiteren die der Landesherren Ernst von Sachsen und Heinrich Julius von Braunschweig.

Später wurden die auf Gustav Nebes Initiative hin geschaffenen Figuren ausgemustert. Als der Halberstädter Dom nach seiner Zerstörung im 2. Weltkrieg schließlich wieder aufgebaut war, wurden die Figuren als „stilwidrig" empfunden.

Wenn die Rede auf den Halberstädter Dom kommt, wird gleichsam in einem Atemzug auch der berühmte Domschatz erwähnt. So war es immer schon. Dass der Domschatz zu einer so erlesenen Sammlung und wegen seiner Kostbarkeiten an Altarbildern, Skulpturen, Textilkunst, Handschriften und vielem mehr schließlich weltberühmt werden konnte, war ein wesentliches Verdienst des in den Jahren 1591 bis 1810 einschlägig tätigen gemischtkonfessionellen Domkapitels. Dieser Tradition wusste sich Gustav Nebe verpflichtet, als er in Verbindung mit seinem Amt als Oberdomprediger und Superintendent auch Verwalter des Domschatzes wurde. Er kümmerte sich intensiv um den Domschatz, „gliederte und katalogisierte" ihn und nutzte jede Gelegenheit, ihn „volkstümlich" zu machen. Die kostbare Sammlung von Halberstädter Münzen, die er angelegt hatte, machte er bei seinem Wegzug aus Halberstadt der Schatzkammer zum Geschenk. Darüber hinaus hinterließ er dem Dom „Sammlungen an Urnen und Donnerkeilen".

Gustav Nebes historisches Interesse verband ihn bald auch mit dem Halberstädter Geschichtsverein, dessen 2. Vorsitzender er wurde und für den er sich besonders durch Buchveröffentlichungen (so zum Beispiel über das Fürstentum Halberstadt) engagierte.

Ein besonderes Ereignis war im Jahre 1876 das Wiedereintreffen der im Volksmund „Donna" genannten (eigentlich „Domina" heißenden) großen Glocke. Nachdem sie im Jahre 1840 beim Einläuten des Bußtages gesprungen und in Dresden ein neuer Guss erfolgt war, konnte man sie am 2. September 1876 zum ersten Mal (wieder) vom Halberstädter Dom herab läuten hören.

Einige Jahre später, im Jahre 1882, auch ein neuer Klang *in* der Kirche! Die Halberstädter Kirchengemeinde wurde auf das in Magdeburg für die Provinz Sachsen herausgebrachte „provinzielle" Gesangbuch eingestimmt, das als Vereinheitlichung des Evangelischen Gesangbuchs gedacht war. Zusammen mit anderen entsprechend Kundigen hatte Gustav Nebe aufwendige Vorarbeiten dafür geleistet.

In Kirchengesangbüchern können sich Glaubensüberzeugungen und Lebenseinstellungen einer ganzen Epoche spiegeln. Das gilt auch für das unter Mitarbeit von Gustav Nebe überarbeitete Gesangbuch für die Provinz Sachsen und manche der dort versammelten Liedtexte. Soweit sich die Lieder auf „Vaterland und Obrigkeit" beziehen, sind sie – gerade nicht zu ihrem Besten – sehr monarchisch-konservativ getönt. In einem (übrigens in der Kirchenprovinz Westfalen entstandenen) Segenslied für den König heißt es in einer von sieben Strophen des ins sächsische Gesangbuch aufgenommenen Liedes:

*„Fürchtet Gott, den König ehret! Das, o Herr, ist Dein Gebot,*
*und Du hast es selbst bewährt, warst gehorsam bis zum Tod.*
*Wer Dich liebt, der folget Dir; drum so beten alle wir:*
*Vor dem Bösen schütz uns gnädig, Gott erhalte unsern*
*König!"*

Ein zeittypisches „mixtum compositum" von Untertanengeist und Christusnachfolge, das jedenfalls von der seinerzeit tätigen „Gesangbuchkommission" als „gesangbuchtauglich" angesehen wurde.

Damit in der Gesangbuch-Frage nicht nur der Tadel vorherrscht, soll das Lob erwähnt werden, das Gustav Nebe zu seiner Münsteraner Zeit der Pfarrfrau und Liederdichterin Marie Schmalenbach aus Mennighüffen bei Herford zuteilwerden ließ für ihr Ewigkeitslied „Brich herein, süßer Schein selger Ewigkeit!" Gustav Nebe hat Marie Schmalenbach in einem längeren Brief für ihre Lieddichtung gedankt und wohl auch dazu beigetragen, dass ihr Ewigkeitslied in das Evangelische Gesangbuch für Rheinland und Westfalen aufgenommen wurde.

Da Gustav Nebe auch an einer „Hebung der Liturgie beim Gottesdienst" lag, suchte und fand er schon von Halberstadt aus Kontakt zu dem Königlichen Musikdirektor Braune; daraus wurde eine „arbeitsreiche Beziehung". Später in Münster kontaktete Gustav Nebe auch den liturgiekundigen Theologen Professor Julius Smend zum Thema.

Das 200-jährige Jubiläum des Halberstädter Domgymnasiums, das im September 1875 gefeiert werden konnte und mit der Einweihung eines neuen Gebäudes verbunden war, stand als einer von vielen weiteren Programmpunkten in Gustav Nebes „Arbeitsagenda", schließlich oblag ihm auch die Schulaufsicht.

Man fragte sich in seiner Umgebung, wie es jemand überhaupt schaffte, so rastlos tätig zu sein, wie er es vormachte. Damit gingen bei Gustav Nebe aber nicht Fahrigkeit und Oberflächlichkeit einher. Jedenfalls lobte man unter Kollegen die konzentrierte Wahrnehmung seiner geistlichen Aufgaben auch in besonders anforderungsreichen Situationen, vor allem lobte man die wohltuende Art

*Die Trompete des August Binkebank.*
*Er blies damit im Deutsch-Französichen Krieg 1870/71*
*in der Schlacht von Mars la Tour zum Sammeln.*

menschlicher Zuwendung, durch die er sich in seiner Gemeinde auszeichnete. Davon wussten seine Amtsbrüder denn auch im wahrsten Sinne des Wortes ein Lied zu singen, als sie ihn im Jahre 1883 aus Halberstadt nach Westfalen zu verabschieden hatten. Aber davon später.

Zunächst muss noch von einem Ereignis die Rede sein, das von einer Langzeitwirkung sein sollte, die sich Gustav Nebe nicht hätte vorstellen können.

Bereits im Jahre 1873 entdeckte er nach längerem Suchen die zu einiger Berühmtheit gelangte „Trompete von Vionville", die Ferdinand Freiligrath in seinem gleichnamigen Gedicht so eindrücklich besungen hatte. Im deutsch-französischen Krieg von 1870/71 war es am 16. August 1870 in der Nähe von Metz zu einer der letzten großen Reiterschlachten der Geschichte gekommen, die seinerzeit der Halberstädter Kürassiertrompeter mit dem einprägsamen Namen August Binkebank durch ein Trompetensignal eröffnet hatte. Freiligraths Gedicht spiegelt den verlustreichen Ausgang einer Schlacht, die in den Geschichtsbüchern als „Todesritt von Mars la Tour" erwähnt wird. Als Binkebank mit seiner im Kampf zerschossenen Trompete am Ende der Schlacht zum Sammeln blasen wollte, war statt eines stolzen Signals nur noch ein klägliches Wimmern zu hören. „Nur ein klanglos Wimmern, ein Schrei von Schmerz, entquoll dem metallenen Munde", heißt es bei Freiligrath, „eine Kugel hatte durchlöchert ihr Erz, um die Toten klagte die wunde!"

Gustav Nebe ließ die Trompete zusammen mit anderen Emblemen des 1870/71er Krieges später im Halberstädter Dom aufhängen, danach war sie an anderen Orten in Halberstadt zu sehen, dann schließlich verlor sich ihre Spur. Sehr viel später erst tauchte sie wieder auf, und heute ist sie im Städtischen Museum Halberstadt ausgestellt in Verbindung mit einem „Großdiorama", das die damalige Schlacht in Zinnfiguren nachgestellt hat. Längst schon besteht eine freundschaftliche Verbindung zwischen den für das „Musée de Guerre" in Gravelotte Verantwortlichen und dem Förderverein des Halberstädter Museums. Und ist die Trompete von Vionville einmal nicht in Halberstadt zu sehen, darf man annehmen, dass sie gerade in Gravelotte ausgestellt wird. Die Trompete ist inzwischen zu einem Symbol deutsch-französischer Freundschaft geworden, sie hält hüben und drüben Erinnerungen wach, aber die trennen nicht mehr.

Nachdem Gustav Nebe im Jahre 1881 eine Berufung nach Magdeburg zum 2. Dompfarrer und Konsistorialrat abgelehnt hatte, ließ er sich zum 1. Oktober 1883 als Generalsuperintendent von Westfalen und Vizepräsident des in Münster ansässigen Konsistoriums berufen. Der Abschied von Halberstadt fiel schwer, um einiges schwerer noch als der von Weißenfels. Am 30. September hielt Gustav Nebe im Dom zu Halberstadt seinen Abschiedsgottesdienst. Gleich zu Beginn seiner Predigt ließ er anklingen, dass sein Abschied aus Halberstadt für ihn nicht ohne „tiefes Weh" abgehen könne. „Die Stunde, vor der ich mich lange gefürchtet habe, ist gekommen", so der Prediger. „Es gilt zu scheiden!" Aber wenn es ihm denn so schwerfalle, warum er dann überhaupt gehe, sei er in letzter Zeit oft gefragt worden. Halberstadt sei ihm doch „ein liebgewordenes Arbeitsfeld" gewesen, und er selbst habe ja gesagt, dass ihm das von seiner Gemeinde entgegengebrachte Vertrauen die Arbeit leicht und zur Freude gemacht habe. Warum also müsse er denn gehen? Gustav Nebe darauf zur Gemeinde: „Es ist der Herr, der mich von hinnen treibt, der den Sträubenden die Straße ziehen heißt und nun endgültig sagt: gehe hin, fahre hinaus." Es sei dahingestellt, ob soldatischer Gehorsam in jedem Falle eine Tugend ist. Jedenfalls ist es ja nicht unproblematisch, wenn der Prediger ausführt: „Fragt der Soldat im Dienste warum? Nein, er gehorcht." Nun ja, aber hier ist es im Kontext seiner Predigt ja der Gehorsam eines Christen, der ihn fragen lässt: „Und ich sollte den Gehorsam weigern dem, der um seines Namens willen auf rechter Straße führt, der mich bis hierher so gnädig geleitet hat?" Gustav Nebe war zum Gehen entschlossen, auch wenn der Abschiedsschmerz tief saß: „Wie Gott mich führt, so will ich gehen!"

In Anknüpfung an den Abschiedsbrief, den der Apostel Paulus „an seine lieben Thessalonicher" richtet (2. Thess. 2,13–3,1), wendet sich Gustav Nebe sodann mit einem „Wort des innigen Dankes", mit einem „Wort brüderlicher Mahnung" und zuletzt mit einem „Wort herzlicher Bitte" an die Gemeinde. „Ich danke Gott um euch, liebe Brüder und Schwestern!" „Ich danke Gott für euch, die ihr den vergessenen Weg zum Altar wiederfandet", so der scheidende Seelsorger, „die ihr mithalfet, die Kleinen zu sammeln, die Nackenden zu kleiden, das Verirrte zu retten, das Schwache zu stärken, die Fremden zu beherbergen, die Häuser mit gutem Wort zu füllen, das Gotteshaus zu schmücken!" „Gott öffnete eure Herzen und Hände und ihr wurdet nicht müde." „Gott sei Dank für euch alle!"

Und nach dem Dankeswort die Mahnung: „Haltet fest am Gottesdienst, verlaßt die Versammlungen der Gemeinde nicht ... Haltet fest am Sakrament und kommet zum Tische des Herrn ... Hütet den Taufstein, damit nicht in der alten Christenheit ein Heidengeschlecht emporwachse! ... Helfet ... auch ferner treulich in der Handreichung der Liebe, die Armen herbeizuführen, die Irrenden zu suchen und die Schwachen zu stärken. Nehmet zu im Werke des Herrn! Wachset!"

Und schließlich die Bitte zu Gott, dass die Gemeinde und ihr scheidender Seelsorger miteinander im Gebet und fürbittenden Gedenken verbunden blieben. Was ihn selber betrifft, verspricht Gustav Nebe: „Ich werde eurer gedenken im Besten, im Gebet. Ich will nicht müde werden zu bitten, daß dieses Gotteshaus allezeit sei ein Heiligtum der Ehre Gottes, eine Freistatt für die Angefochtenen, eine Burg der Bedrängten, ein Quell der Dürstenden."

In der Nachfeier, die dem Abschiedsgottesdienst folgte, wurde Gustav Nebe dankbar und gerührt von den Pastoren seiner „Kreisgemeine" verabschiedet. „Mag mit lichten Tagen Gott vergelten alles dir, was du für uns getan", hatten sie gereimt. „Und wenn dann, gefüllt mit edlem Weine kreist der Kelch mit Stefans Dom geschmückt, dann gedenke deiner Kreisgemeine, die noch einmal dir die Hände drückt."

Sehr viel später, schon zur Zeit seines Eisenacher Ruhestandes, erhielt Gustav Nebe irgendwann einmal einen liebenswürdigen Brief aus dem Westfälischen, für den sich einer seiner früheren Amtsbrüder auch ein paar Verse abgerungen hatte. Gustav Nebe entgegnete ebenso liebenswürdig, aber doch auch mit (wie er wohl meinte) gebotenem Tadel: „Freund, deine Verse sind schlecht". Möglicherweise kam ihm beim Anhören der gereimten Abschiedsworte seiner Halberstädter Amtsbrüder ja auch schon in den Sinn zu sagen: „Brüder, eure Verse sind schlecht". Aber das hätte er nicht über die Lippen gebracht. Alles war doch so gut gemeint, und das allein war es, was zählte in der Stunde des Abschieds.

# 6.
## DER GENERALSUPERINTENDENT
## DER KIRCHENPROVINZ WESTFALEN
## IN MÜNSTER UND VIZEPRÄSIDENT
## DES DORTIGEN KONSISTORIUMS

Im Bielefelder Archiv der Evangelischen Landeskirche von West-falen wird als besonderes Highlight das sogenannte „Nebe-Käst-chen" aufbewahrt. Die Bezeichnung „Nebe-Kästchen" ist insofern irreführend, als es sich dabei ja nicht um eine kleine Schatulle handelt, sondern um einen 56 cm hohen künstlerisch gestalteten Erinnerungsschrein, gefertigt unter Verwendung von kostbarem Holz und anderen wertvollen Materialien „aus dem gelobten Lande". Gustav Nebe hatte den Erinnerungsschrein von der West-fälischen Provinzialsynode geschenkt bekommen, als er im Jahre 1905 in den Ruhestand verabschiedet wurde. Der in Form einer Bischofsmütze gestaltete Schrein enthält auf 21 Klapptafeln die 175 Ansichten der von Gustav Nebe während seiner 22-jährigen Amtszeit als westfälischer „Oberhirte" eingeweihten Kirchbauten. Auf originelle Weise gibt hier ein Abschiedsgeschenk Einblick in das umfangreiche Kirchbau-Programm der Zeit der Industriali-sierung.

Schon zu seiner Zeit als Oberdomprediger und Superintendent in Halberstadt hatte Gustav Nebe mit Nachdruck betont und durch eigenes beispielgebendes Verhalten unterstrichen, dass die Kirche ohne ein Bekenntnis zu ihrer sozialen Verantwortung nicht Kirche sein könne. So wollte er auch in Westfalen verstanden werden. Mit den 68 Gemeindegründungen, die dort während seiner Amtszeit erfolgten, auch mit der großen Anzahl der von ihm geweihten Kir-chen und Kapellen verband Gustav Nebe die Hoffnung, dass vie-lerorts vielstimmig die Botschaft von der Barmherzigkeit Gottes in die Welt hineingesprochen und – gelebt wurde. Das war ganz im Sinne von Johann Hinrich Wichern, dessen später berühmt ge-wordene Stegreifrede anlässlich des allgemeinen Kirchentages

*Der Erinnerungsschrein, der Gustav Nebe aus Anlass*
*seiner Verabschiedung im Jahre 1905 von der*
*Westfälischen Provinzialsynode zum Geschenk gemacht wurde.*

AUS DEM LEBEN UND WIRKEN VON D. THEOL. GUSTAV NEBE

von 1848 in Wittenberg den Anstoß zur Gründung der „Inneren Mission" gegeben hatte. Fortan sollte nach dem Willen der in Wittenberg versammelten Kirchenvertreter „die Förderung christlich-sozialer Zwecke, Vereine und Anstalten der inneren Mission" zu den Aufgaben des Kirchenbundes evangelischer Kirchen gehören. Und zur Umsetzung solcher Ziele in die Tat war ein „Centralausschuß der Inneren Mission" gegründet worden.

Interessant, dass sich an der „rastlosen Tätigkeit", die Gustav Nebe in Halberstadt an den Tag gelegt hatte, bereits erkennen ließ, welche Schwerpunkte er auf dem Felde der Inneren Mission in Westfalen setzen würde.

In Halberstadt war es auf Gustav Nebes Initiative zur Einrichtung sogenannter „Kinderschulen" gekommen, in Münster richtete er als Erster einen Kindergottesdienst ein, den er dann allsonntäglich selber hielt. In Halberstadt war es das „Cecilienstift", das er tatkräftig förderte und auszubauen half, und während seiner Münsteraner Tätigkeit betrieb er die Gründung des in seiner Zielsetzung an das Cecilienstift erinnernde Diakonissenmutterhaus in Witten. In Münster konnte, wie seinerzeit in Halberstadt, dank Gustav Nebes Engagement eine „Herberge zur Heimat" gebaut werden, zu deren Entstehen er, auch das erinnert an Halberstadt, zusammen mit seiner Frau auch in finanzieller Hinsicht beitrug.

Auch in Westfalen hatte sich Gustav Nebe, wie seinerzeit schon in Uichteritz und Weißenfels, einen Ruf als „volkstümlicher Prediger" erworben. „Keine Gemeinde rief ihn ohne Erfolg zu ihren kirchlichen Festen." Bitten um Rat und Mithilfe verschloss er sich auch dann nicht, wenn es um Angelegenheiten ging, die außerhalb seines unmittelbaren Zuständigkeitsbereichs lagen. So arbeitete er mit im Vorstand des Evangelischen Arbeitervereins für Rheinland und Westfalen und im Vorstand des Provinzialvereins des Deutschen Roten Kreuzes. Vor allem engagierte er sich im Westfälischen Hauptverein der Gustav-Adolf-Stiftung, allein zehn Jahre lang als Vorsitzender. Mit der Zielsetzung der aufgeführten Organisationen ging Gustav Nebe konform, was im Blick auf die bekannten Ziele des Roten Kreuzes und des Gustav Adolf-Werks nicht eigens unterstrichen werden muss. Aber auch und gerade die Satzung des Evangelischen Arbeitervereins fand seine Zustimmung. Der Verein hatte sich u. a. dem Zweck verschrieben, „unter den Glaubensgenossen das evangelische Bewußtsein zu wecken und zu fördern", „ein friedliches Verhältnis zwischen Arbeitgeber und Arbeitnehmer zu wahren und zu pflegen", „seine Mitglieder in Krankheits- und Todesfällen zu unterstützen" und „Treue zu halten gegen Kaiser und Reich". Abgelehnt wurde der Klassenkampf und „eine eigene politische Interessenvertretung der Arbeiterschaft". Das alles entsprach auch Gustav Nebes konservativer Sicht der Dinge. Im Arbeiterverein engagierte sich Gustav Nebe vor allem als Prediger.

Schon zu seinen Halberstädter Zeiten fiel (wie erwähnt) an Gustav Nebe eine Rastlosigkeit auf, die seine Umgebung immer wieder besorgt fragen ließ, ob er sich nicht überforderte. So war es auch in Münster. Oft saß Gustav Nebe bis tief in die Nacht am Schreibtisch, um den eigenhändig zu besorgenden Schriftverkehr zu erledigen. Ob nun Urlaubsgesuche seiner Pastoren zu genehmigen waren, ob Einladungen von Kirchengemeinden mit Zu- oder Absagen beantwortet werden mussten, ob für theologische Prüfungen (er war ja auch Vorsitzender der theologischen Prüfungskommission) Beisitzer zu gewinnen waren, ob der Einsatz von Vikaren in Gemeinden einer Entscheidung bedurfte, ob es um Berichte über Kircheneinweihungen ging, die dem Konsistorium vorgelegt werden sollten oder ob es mit den von ihm selber „erfundenen" regelmäßig zu versendenden Hirtenbriefen an seine Amtsbrüder in den Kirchengemeinden zu tun hatte: Gustav Nebe lag daran, dass das „Offizielle" immer auch mit dem „Persönlichen" verbunden wurde. Und so ließ er keinen Brief ohne Zuspruch, gute Wünsche oder Teilnahmebekundung herausgehen, so wie es der Situation jeweils entsprach.

Neben dem allen verlangte die Mitarbeit in den verschiedensten kirchlichen und außerkirchlichen Gremien eine gründliche Vor- und Nacharbeit. Vor allem aber durfte die Vorbereitung auf Predigten und Vorträge nicht zu kurz kommen.

Eine Anforderung besonderer Art brachten die zahlreichen und zeitaufwendigen Bahnreisen mit sich, die der Generalsuperintendent – nicht zuletzt der vielen Kircheneinweihungen wegen – auf sich zu nehmen hatte. Dass er inmitten seiner anforderungsreichen Verpflichtungen ein menschenzugewandter Mensch blieb, wird an manchen kleinen Geschichten deutlich, die man sich gern über ihn erzählte und die für seine Beliebtheit sprachen, zum Beispiel auch an der folgenden:

Wieder einmal hatte sich der Herr Generalsuperintendent auf eine längere Bahnreise begeben müssen. Und wieder einmal war eine Kirche einzuweihen, diesmal irgendwo im Sauerland. Zwei Presbyter waren rechtzeitig am Bahnhof, um den hohen Gast in Empfang zu nehmen. Ganz selbstverständlich hatten sie sich an *der* Stelle des Bahnsteigs aufgestellt, an der das Abteil erster Klasse erwartet werden konnte. Nur weder dem Wagen erster Klasse noch dem zweiter Klasse entstieg der erwartete Gast. Zunächst unbemerkt war dann aber ein kleiner, schwarz gekleideter Mann dem Abteil dritter Klasse entstiegen, worauf sich die beiden Presbyter, als sie den erwarteten Gast schließlich erkannten, mit einer Entschuldigung beeilten. Sie hätten, sagten sie, ganz gewiss angenommen, der Herr Generalsuperintendent werde erster Klasse reisen. Darauf Gustav Nebe: er sei in früheren Jahren immer vierter Klasse gefahren, in zunehmendem Alter bevorzuge er nun aber die bequemere dritte Klasse. Man möge ihm das nachsehen.

In der Predigt, mit der sich Gustav Nebe im Jahre 1905 anlässlich des Jahresfestes des „Evangelischen Vereins für Innere Mission" aus Münster verabschiedete, dankte er dafür, dass das Wort Gottes immer wieder „Herzen geöffnet habe, damit es in ihnen keime, wurzele und Frucht bringe, die bleibt". Eine christliche Gemeinde, die sich durch Gottes Wort bewegen ließ und erkennbar wurde, worauf es für jedes ihrer Glieder ankam, eben darauf, „dass ich die Liebe, von der ich leb', liebend an andere weitergeb": das war es, was den scheidenden westfälischen „Oberhirten" zutiefst dankbar stimmte. Oft hatte er selber ja erleben müssen, wie bei manchem Adressaten einer Predigt „das gute Wort Gottes ohne

Widerhall blieb". Hatte er nicht in der „Arbeiterfrage" oft vergeblich gepredigt: „Ihr Gesetzgeber, durchdringt die Gesetze mit dem Geist von oben"?

Aber auch Werke der Barmherzigkeit können ja predigen. Und können eben nicht auch dadurch diejenigen, die in den „Rathsversammlungen" das Sagen haben, in's Nachdenken kommen? An Johann Hinrich Wicherns Wirken ist das deutlich ablesbar. Sein „Rauhes Haus" in Hamburg, seine „Rettungsanstalt für verwahrloste Kinder", wirkte jedenfalls wie eine Gestalt gewordene Predigt, die auch den preußischen König erreichte. Und als „Fachmann für Soziales" wurde Wichern dann in Anspruch genommen und um Rat gefragt, als die Situation von Strafgefangenen und ihrer Familien zum Thema wurde.

Dankbar erwähnte Gustav Nebe in seiner Abschiedspredigt die vielen Dienste und Werke der Inneren Mission „allein in unserer Provinz". „Habt [...] Dank ihr treuen Helfer und Helferinnen allzumal. Ihr, die ihr Rettungshäuser und Asyle, Kleinkinderschulen, Herbergen, Krankenhäuser [betreut], ihr mehr als 1500 Brüder und Schwestern, die ihr in diesen Häusern an Kindern und Erwachsenen, an den Fremdlingen und an den Kranken arbeitet. Aber nicht minder auch ihr, mehr als 2000, die ihr in den Kindergottesdiensten helfet, den Jünglings-, Jungfrauen-, Arbeitervereinen eure Teilnahme und Unterstützung nicht versagt [...], ihr alle, die ihr, wie auch immer, mithelfet, nehmet heut am Jahresfest innigen Dank." So der Dank Gustav Nebes für eine vielstimmige und vielfältige „Predigt" im Geiste der Inneren Mission.

„Eine besondere, liebevolle Freundschaft" verband Gustav Nebe mit Friedrich von Bodelschwingh, dem Leiter der im Jahre 1867 gegründeten „Anstalt für Epileptische" in Bethel bei Bielefeld. Beide wussten sich geistlich miteinander verbunden, sie begrüßten den von Wichern gegebenen Anstoß zur „Inneren Mission" im Sinne der Wahrnehmung „einer christlich-sozialen Aufgabe", sie teilten sozialpolitische Überzeugungen zur Lösung der „Arbeiterfrage", waren in ihrem Verständnis von Staat und Gesellschaft konservativ und verbanden ihren Patriotismus mit einer monarchischen Gesinnung, die sich als Kaisertreue manifestierte. Liberalen, erst recht Sozialisten gegenüber und deren Vorstellungen zur Lösung sozialer Probleme verhielten sie sich ablehnend.

Wenn Gustav Nebe in einzelnen kirchenpolitischen Fragen mit Bodelschwingh auch nicht immer einer Meinung sein konnte, tat das dem freundlichen Einvernehmen zwischen beiden keinen Abbruch.

Schon bald nach seinem Amtsantritt im Jahre 1883 unternahm Gustav Nebe Anstrengungen, für Kandidaten der Theologie auf ihrem Weg von der Universität in die Gemeindearbeit eine praktische Vorbereitung in Gestalt einer „Lehrvikariatsausbildung" zu erreichen. Das Fehlen einer solchen Vorbereitungsmöglichkeit erkannte Gustav Nebe, „von Amts wegen" in Münster ja auch Vorsitzender der theologischen Prüfungskommission, als „einen schweren Mangel kirchlichen Lebens". Im Januar 1884 wandte er sich deshalb mit der dringenden Bitte an den Evangelischen Oberkirchenrat in Berlin, sich doch beim preußischen Kultusminister für das Zustandekommen der Einrichtung einer Lehrvikariatsausbildung in Westfalen einzusetzen und Mittel dafür bereitstellen zu lassen. Das Konsistorium in Münster unterstützte die Eingabe, im Herbst 1884 billigte auch die Provinzialsynode das Antragsvorhaben und im Mai 1885 erfolgte ein abschließender Bericht in der Angelegenheit an die Berliner Entscheidungsträger. Die Antwort war kurz und bündig: die Eingabe habe zwar gute Gründe für sich, aber es fehle das Geld. Auch die Bitte Gustav Nebes um die Bewilligung von Mitteln für wenigstens *vier* Vikare war ohne Erfolg geblieben. Die Geduld der westfälischen Provinzialsynode war schließlich zu Ende, was gegenüber Berlin mit der nachdrücklich vorgetragenen Forderung einer Mittelbereitstellung von bis zu 20 Lehrvikarsstellen führte. Noch ehe aber eine Antwort aus Berlin dazu eingetroffen sein konnte, erfuhr Gustav Nebe, dass zum nämlichen Thema auch Bodelschwingh konkrete Pläne verfolgte und deswegen in Berlin auch schon vorstellig geworden war. Bodelschwingh schwebte vor, Theologen nach ihrem ersten Examen die Möglichkeit zu eröffnen, in Bethel während ihres Vikariats als

„Oberhelfer" mitzuarbeiten, um so durch eigene Mitarbeit in den verschiedenen Zweigen der Betheler „Liebesarbeit" eine praktische Vorbereitung auf ihren späteren Dienst in der Gemeinde zu erfahren, die allemal eine bessere Vorbereitung darstelle als die „an Pult und Schreibtisch". Die Kandidaten könnten in praktischer Krankenpflege ausgebildet werden, könnten auf Krankenstationen Morgen- und Abendandachten halten, auch eine Mithilfe beim Unterricht für angehende Diakone sei vorstellbar. Wünschenswert wäre ein „Convivium" der Kandidaten in einem „Kandidaten-Konvikt", das ihnen zur Bewältigung ihres Dienstes eine Hilfe sein würde.

Gustav Nebe versuchte Bodelschwingh zu bestimmen, von seinem an Bethel orientierten Plan eines „praktischen Seminars" für Kandidaten der Theologie Abstand zu nehmen. Stattdessen möge Bodelschwingh doch in Berlin zugunsten der provinzialkirchlichen Eingabe für eine „Lehrvikariatsausbildung" intervenieren. Ein praktisches Seminar für Kandidaten der Theologie vor allem in Bethel anzustreben, sei doch nun wirklich zu einseitig. Bodelschwingh entgegnete, aber es sei doch um des notwendigen Ausbaus der „helfenden Liebe" in den Gemeinden willen geboten, entsprechend kundige und befähigte Pastoren auszubilden. Das war im Sinne Wicherns gesprochen, dessen in seinem Hamburger „Rauhen Haus" eingeführtes „Oberhelfer-Modell" Bodelschwingh dazu angeregt hatte, seine Kandidaten-Ausbildung ganz entsprechend zu konzipieren.

In Berlin wurde den Eingaben Gustav Nebes zu dessen Zufriedenheit voll entsprochen, während Bodelschwinghs Plan einer praktischen Kandidatenausbildung vorläufig „ein Teilstück" bleiben musste. Immerhin konnten in Bethel vier Kandidatenstellen geschaffen werden. Die vier Kandidaten sollten den seinerzeit vier in Bethel tätigen Pastoren zugeordnet werden. Ein „Kandidatenkonvikt" war nicht vorgesehen, wurde von Bodelschwingh aber nicht aus den Augen verloren.

Sowohl die von Gustav Nebe als auch die von Friedrich von Bodelschwingh ausgehenden Initiativen zur „Lehrvikariatsausbildung" verbanden sich schließlich mit der großen Zustimmung, mit der auch außerhalb Westfalens das Projekt einer praktischen Vikarsausbildung bedacht wurde. Das führte zum Wiederaufleben des Gedankens an ein Predigerseminar. Für die Kirchenprovinzen Rheinland und Westfalen war schon vor Jahrzehnten ein Predigerseminar gefordert worden, das seinerzeit in Freiherr vom Stein einen engagierten Fürsprecher hatte.

Seitens einer Regierungskommission in Berlin nun war 1889 angeregt worden, statt der „Fortentwicklung der Vikariatseinrichtung" den Seminargedanken wieder zu favorisieren. Dieser Anregung folgte der Oberkirchenrat mit seinem Vorschlag zur „Errichtung von Predigerseminaren in der preußischen Landeskirche" (in Ergänzung der bereits bestehenden Seminare in Wittenberg und Berlin). Und als dafür Mittel bewilligt wurden, ging in Westfalen alles ganz schnell. In Soest wurde ein in Staatsbesitz befindlicher Gebäudekomplex, der ehemals als Minoritenkloster genutzt worden war, zur Unterbringung eines Predigerseminars freigegeben, und nachdem es unter Beteiligung von Gustav Nebe gelungen war, in D. Theodor Nottebohm aus Hamburg einen geeigneten Seminardirektor zu finden, konnte das rheinisch-westfälische Predigerseminar eröffnet werden. Das geschah am 26. Februar 1892 durch einen Abgeordneten des Evangelischen Oberkirchenrates Berlin „im Beisein der Generalsuperintendenten, der Konsistorialpräsidenten und der Synodalpräsides" der beiden Kirchenprovinzen Rheinland und Westfalen.

Kaum richtig angekommen in seinem Eisenacher Ruhestand, nahm Gustav Nebe die Gründung des Soester Predigerseminars zum Anlass, im Jahre 1906 einen Artikel „Zur Vorgeschichte des rheinisch-westfälischen Predigerseminars" zu schreiben. Ihm lag besonders daran, aus gegebenem Anlass den Freiherrn vom Stein noch einmal ausführlich zu Wort kommen zu lassen. Dessen im Jahre 1830 gemachten Ausführungen zur Gründung eines Predigerseminars erkannte Gustav Nebe auch gut 60 Jahre später noch als aktuell, sie waren ihm (und wohl auch Bodelschwingh) aus dem Herzen gesprochen. Freiherr vom Stein hatte ausgeführt:

„Ein Hauptzweck der Gründung eines Prediger-Seminariums ist Katechetik, und Ausbildung der Kanzel Beredsamkeit; für die letztere ist aber die trockne, kalte in Exegetischen, metaphysischen Untersuchungen sich verliehrende Vernunft nicht empfänglich. – Ein so gebildeter, geistvoller Mann wird belehrende Vorträge halten, aber nicht auf die Gemüther wirken; der große Haufe von mittelmäßigen Kanzel-Redner (sic) dieser Art, ist der ungebildeten Klasse unverständlich, der halbgebildeten langweilig, und der gebildeten unerträglich, wozu also ihre Kanzelberedsamkeit, die die Kirchen verödet? Für den Vortrag eines, selbst höchst gewöhnlichen, aber demüthigen, frommen, für das Seelenheil seiner Gemeinde besorgten Predigers, sind die Zuhörer immer empfänglich, durch den in ihm herrschenden frommen Sinn, durch die Einwirkung des Geistes Gottes, durch die Kraft des Gebets."

Ja, nicht immer waren Gustav Nebe und Bodelschwingh einer Meinung. Bodelschwinghs Vorhaben, in Bethel eine „Theologische Schule" zu gründen, begegnete Gustav Nebe mit einiger Skepsis. Bodelschwingh hielt die Gründung einer „freien theologischen Hochschule" für notwendig, um Theologen zu gewinnen, „die im Glauben und Bekenntnis der Kirche" stehen und ein Bollwerk abgeben gegen die „große Diana der Epheser der heutigen Zeit, die Wissenschaft [...] losgelöst vom Glauben zu bauen".

Gustav Nebe empfand solche Gedanken als „kleinmütiges Ausweichen vor Gegnern auf eine Bergfeste", man müsse ihnen aber doch auf ihrem eigenen Terrain, der Universität widerstehen. Es sei allerdings richtig, wozu ja doch die Kirche ein Recht habe, auf die Besetzung der Professuren durch die rechten Männer und auf die kirchliche Anleitung der Studenten der Theologie zu achten.

Was Bodelschwinghs theologische Richtung betraf, so wusste sich Gustav Nebe mit ihm einig. Auch er zählte Beck und Tholuck, denen er ja in seinem Studium begegnet war, auch Neander, Nitzsch, Müller und Hofmann in Übereinstimmung mit Bodelschwingh zu „geisterfüllten Lehrern", an denen man sich in bewegten Zeiten orientieren müsse. Für Gustav Nebe waren es wohl eher Ordnungsgesichtspunkte, die ihn in seiner Ablehnung einer

*Neben der bereits seit 1804 der evangelischen Kirchengemeinde
überlassenen Kirche des Franziskus-Minoritenklosters, der heutigen
Apostelkirche, wurde im Jahre 1900 durch Generalsuperintendent
Gustav Nebe als zweite Kirche der Kirchengemeinde die Erlöserkirche
eingeweiht, der erste evangelische Kirchenbau in Münster.
Hier eine Ansicht der Kirche vor ihrer Zerstörung am 12.6.1943.*

„freien theologischen Hochschule" bestimmten. Bodelschwinghs Gedanken, so meinte er, seien sogar „gefährlich, da sie die Landeskirche sprengen könnten, ohne es zu wollen".

Je auf ihre Weise waren Gustav Nebe und Bodelschwingh noch in ganz anderer Hinsicht engagiert.

Gustav Nebe war um eine ordentliche Betreuung von evangelischen polnisch sprechenden Arbeitern aus Masuren bemüht, die sich unter den Tausenden von Arbeitern befanden, die in den 1890-er Jahren beim Bau des Dortmund-Ems-Kanals im Einsatz waren. Er trug Sorge für die Gewinnung einer Reihe von Pastoren, die den polnisch sprechenden Masuren Predigten in polnischer Sprache halten konnten, und er gewann zweisprachige Gemeindehelfer, die den Arbeitern bei der Bewältigung ihres Alltags helfen sollten.

Als im Jahre 1904 dann mit dem Bau des Rhein-Weser-Kanals begonnen werden sollte, schlug *Bodelschwinghs* „große Stunde". Im Jahre 1903 hatte er sich als unabhängiger Abgeordneter in den Preußischen Landtag wählen lassen. Hier wollte er vor allem in der „Arbeiterfrage" (besonders zur Situation der Arbeitslosen bzw. „Wanderarmen") Klartext reden. Zunächst bot sich ihm Gelegenheit, im Landtag zum Bau des Rhein-Weser-Kanals zu sprechen. Seine originelle Rede, in der er das Parlament mit einer Anrede bedachte, die er in Bethel gern benutzte (er redete die Abgeordneten des „Hohen Hauses" schlicht mit „Du" an), löste zunächst Heiterkeit aus, dann aber auch tiefe Nachdenklichkeit. Er führte in die vor allem durch wirtschaftliche Gesichtspunkte bestimmte Debatte über die „Kanalvorlage" sozialpolitische Gesichtspunkte ein. Was denn wohl die „lieben Abgeordneten" zu der Frage meinten, in welchen Kanal die für das Kanalprojekt zu bewilligenden „400 Millionen" zur Hauptsache fließen müssten, wollte Bodelschwingh wissen. „Wie wird das Geld [denn] für die armen Kanalarbeiter nutzbar gemacht?" „Ich meine nun", so Bodelschwinghs Antwort, „dass wohl gerade diejenigen, die des Tages Last und Hitze im Sommer und im Winter in besonderer Weise tragen müssen, unsere besondere Berücksichtigung verdienen".

Eine Rede übrigens, die mit einem „Amen" schloss und sich so auch als politische Predigt zu erkennen gab.

Gustav Nebe wird mit einer so mutigen Rede gewiss sehr einverstanden gewesen sein. Er hatte ja doch schon zu seiner Weißenfelser Zeit gefordert, die Kirche müsse „der Mund der Armen" sein und ihre Vertreter müssten „Zeugen vor Königen und Rathsversammlungen sein, die [dort] laut ihre Stimme erheben". So sehr er Bodelschwingh hier „in der Sache" nahe war, so hätte sich Gustav Nebe als leitender, in's staatskirchliche System eingebundener Kirchenmann eine Freiheit, wie Bodelschwingh sie an den Tag gelegt hatte, aber schwerlich leisten können.

Bodelschwingh nahm, wenn es um eine Sache ging, die ihm am Herzen lag, auch in Kauf, dass er den Unmut seines Kaisers heraufbeschwor. Beispielsweise sah er es als nötig an, die Stimme für die von England mit Krieg überzogenen südafrikanischen Buren zu erheben. Er entwarf eine Petition an die Adresse der englischen Königin mit dem Tenor, sie möge doch für die Beendigung des „Burenkrieges" sorgen und „um der Gerechtigkeit und Barmherzigkeit willen und um des Gewissens willen zu Gott" Frieden machen. Für seinen Friedensappell fand Bodelschwingh unter seinen Freunden nicht wenige Mitunterzeichner, die auch für die Verbreitung der Petition in der Presse sorgen wollten. Zuvor hielt er es aber für geboten, den Text der Petition dem Kaiser zur Kenntnis zu bringen. Der nun reagierte darauf mit der Anordnung einer scharfen Zurechtweisung Bodelschwinghs durch von Lucanus, den Chef seines Zivilkabinetts. Bodelschwingh, so der Kaiser, solle nach Berlin zitiert werden, damit ihm „per allerschärfster Grobheit" der Bauch dermaßen „poliert" würde, „daß er fürs erste ein Eingreifen in [kaiserliche] Privilegien durch Volksabstimmung [...] gefälligst unterläßt." „Ich hoffe", so der Kaiser an von Lucanus, „Sie werden sich diesem ‚Wohltäter Europas' gegenüber keine Reserve auferlegen."

Eine so couragierte Unbotmäßigkeit gegenüber dem Kaiser, wie Bodelschwingh sie in der „Burenfrage" an den Tag gelegt hatte, wäre Gustav Nebe, wenn sie ihm denn überhaupt in den Sinn gekommen wäre, nicht möglich gewesen – es sei denn um den Preis seines Amtes.

Aber nun soll nur noch von dem die Rede sein, was Gustav Nebe und Friedrich von Bodelschwingh gemeinsam war: von der Freude an ihrer Verbundenheit in einer tiefen Freundschaft. Und die wog am Ende mehr als der Dissens, den es – bei aller Übereinstimmung im Grundsätzlichen – hin und wieder *auch* zwischen ihnen gegeben hatte. Wiederholt sandte Bodelschwingh in seinen letzten Lebensjahren Grüße aus Bethel nach Eisenach, wo Gustav Nebe seit 1905 im Ruhestand lebte. Bodelschwingh, nun selber „Emeritus", freute sich zum Beispiel über die Weihnachtspost von 1905, die Gustav Nebe, „dieser alte Emeritus, aus den Wäldern Thüringens in den Teutoburger Wald geschickt" hat. In einem Brief von 1907 erhielt Gustav Nebe einen Spendendank Bodelschwinghs mit der Bemerkung: „Mein Treuester! Deine nicht ermüdende Liebe erquickt mein Herz aufs höchste. Ich multipliziere gern Deine Gabe wenigstens mit hundert. Ja, ich erfahre täglich, daß auch die Widersacher mir helfen müssen, zu dem köstlichen Ziel zu gelangen für meine armen Brüder von der Landstraße. Grüße mir Deine liebe Gehilfin! In treuer Liebe Dein [Bo.]" Und in einem seiner letzten Briefe von Ende 1909 heißt es: „Mein trauter alter Bruder! Du wirst nicht müde, Deines alten Conemeritus in Liebe zu gedenken. Ich schäme mich so vieler Zeichen herzlicher Teilnahme, deren ich nicht wert bin. Mein Zustand ist freilich nicht auf Deiner Höhe. Ich kann weder predigen noch Vorträge halten. Hand und Fuß und Zunge tun ihre alte Schuldigkeit noch nicht. Aber ich kann loben und danken und meine Kranken besuchen, teils zu Fuß, teils in einer Karre, das heißt in einem Rollstuhl ... Der treue Gott erhalte dich, geliebter Bruder, bei dem Lobgesang des 92. Psalm, der von unseren Kranken so gern und reichlich gesungen wird: „Das ist ein köstlich Ding, dem Herrn danken und lobsingen Deinem Namen, du Höchster; des Morgens deine Gnade und des Nachts deine Wahrheit verkündigen". Grüße mir auch von ganzem Herzen Deine und meine treuen Gehilfen im Dienst der Barmherzigkeit. In herzlicher Liebe und Treue Dein alter [Bo.].

[P.S.]: Gestern hat mein Fritz die Festpredigt über unser 30 (?)-jähriges Zionsjubiläum gehalten und dabei Deiner Mitwirkung wiederholt in herzlicher Dankbarkeit gedacht. Ich habe zum erstenmal mit dienen und das Vaterunser sprechen sowie den Segen sprechen dürfen zu meiner großen, dankbaren Freude."

Es ist hier wohl das 25-jährige Zionsjubiläum gemeint. Unter Mitwirkung von Gustav Nebe wurde die Zionskirche am 26. November 1884 eingeweiht. In einer Nachfeier im Anschluss an die Einweihung hatte Gustav Nebe im Auftrag der Theologischen Fakultät der Universität Halle-Wittenberg eine besondere Ehrung vorzunehmen. Er überreichte Friedrich von Bodelschwingh die Urkunde über die Ernennung zum Doktor der Theologie. Später übrigens, im Jahre 1887, wurde Gustav Nebe seinerseits auf ähnliche Weise geehrt. Ihm wurde durch die Theologische Fakultät der Universität Bonn die Ehrendoktorwürde verliehen.

Wie viele Kirchen hatte Gustav Nebe als Generalsuperintendent nicht schon geweiht! Doch dass er schließlich auf Einladung des Kaisers im Oktober und November 1898 die Fahrt nach Palästina mitmachen und in Jerusalem bei der Einweihung der Erlöserkirche mitwirken sollte, daran hatte er wohl auch im Traum nicht gedacht. Nun aber fand er sich am 17. Oktober „mit mehreren Hunderten von Fahrtteilnehmern" auf der „Mitternachtssonne" wieder, dem britischen Begleitschiff der „Hohenzollern", auf der der Kaiser mit seinem Gefolge fuhr. Von Genua aus ging es zunächst nach Alexandria mit einem Abstecher zu den Pyramiden und von Alexandria aus zur See weiter nach Jaffa. Am 31. Oktober erfolgte dann im Beisein des Kaiserpaares und vieler geladener Gäste „aus evangelischen Kirchen aus Europa und Amerika" die Einweihung der Erlöserkirche. Eingangs wurde „von 50 Hörnern" und „von der Orgel mit allen Registern" begleitet, das Reformationslied gesungen. „Die Thüren des Gotteshauses wurden geöffnet, damit die Orientalen draußen es hören möchten, wie die evangelischen Deutschen ihr Lied sangen von der festen Burg." „Der Pastor von Jerusalem", Propst Hoppe, hielt die Predigt über einen vom Kaiser selbst bestimmten Predigttext (1. Timotheus 2, 5 und 6), und nach der Weihrede des Berliner Generalsuperintendenten D. Dryander, sprach dann – „nachdem unter Begleitung der vollen Orgel und aller Posaunen die letzte Strophe des deutschen Tedeums ‚Lob, Ehr und Preis sei Gott' gesungen war" – der westfälische Generalsuperintendent D. Nebe das Schlussgebet und den Segen.

Was danach folgte, war im Programm gar nicht vorgesehen. „Bewegung und Aufregung bemächtigten sich der Menge", als der Kaiser zum Altar trat und dort kniend betete. Danach vernahm man in seiner „in edler und gedankenvoller Sprache" und einem „milden versöhnlichen Ton" gehaltenen Ansprache zum Beispiel: „Die welterneuernde Kraft des von hier ausgegangenen Evangeliums treibt uns an, ihm nachzufolgen, sie mahnt uns in glaubensvollem Aufblick zu dem, der für uns am Kreuze gestorben, zu christlicher Duldung, zur Bethätigung selbstloser Nächstenliebe an allen Menschen, sie verheißt uns, daß bei treuem Festhalten an der reinen Lehre des Evangeliums selbst die Pforten der Hölle unsere theure evangelische Kirche nicht überwinden sollen."

Am 4. November dann das schönste Erlebnis der ganzen Reise, auf das Gustav Nebe immer wieder zurückkam, sooft er von seinen Reiseeindrücken erzählte. Am frühen Morgen „ein erquickendes Bad im See Genezareth", und dann ging es für Gustav Nebe und seine Mitpilger in zehn Fischerbooten „hinaus aufs Meer". Die Boote schoben sich zu einem Kreis zusammen, und in einem der Boote stand, an einen Mast gelehnt, Gustav Nebe und begann seine Predigt über Jesu „Wandeln auf dem Meere" (Matthäus 14, 22–33). „Es war eine schöne Erbauungsstunde auf dem See", erinnerte sich einer der Mitpilger und Predigthörer. Alles sei einem so nahegekommen und anschaulich geworden, dass man meinte, Jesus selbst zu hören mit seinem Wort an die durch Wind und Wellen bedrohten Jünger: „Seid getrost, ich bin's, [der euch hilft], fürchtet euch nicht". Auch in unseren Tagen sei es wichtig, so Gustav Nebe in seiner Predigt, „daß wir uns fest daran erinnern, nicht auf den Wind zu sehen, nicht auf Sturm und Wellen, sondern allein auf den Herrn". Und am Schluss der von allen Mitpilgern als eindrücklich empfundenen Predigt hieß es: „Wir wollen hier auf dem See einen

Bund schließen mit dem Herrn, fest im Glauben, treu im Lieben, gehorsam bis zum Tode, einen heiligen Bund mit ihm, ihn nimmer zu verlassen und in allen Nöthen unseres Lebens auf ihn zu blicken. Herr, ich lasse dich nicht, du segnest mich denn. Der Herr spreche zu Jedem von uns, wie er zu Petrus sprach: O du Kleingläubiger, sei nicht so furchtsam. Er spreche uns in das Herz hinein den Trost zu: Fürchte dich nicht, ich bin mit dir, weiche nicht, ich bin dein Gott, ich stärke dich durch die rechte Hand meiner Gerechtigkeit. Amen."

Die Rückreise wurde noch mit einem Besuch Athens verbunden, ehe die Reise am 13. November in Genua zu Ende ging.

Die Reise nach Palästina gegen Ende seines Wirkens in Westfalen war, wie Gustav Nebe später dankbar betonte, „der Höhepunkt seines Lebens". Noch lagen einige Dienstjahre vor ihm, aber rechtzeitig vor der Vollendung seines 70. Lebensjahres am 21. September 1905 hatte er dem Oberkirchenrat sowie dem preußischen Kultusminister bereits mitgeteilt, er müsse seines hohen Alters wegen von seinem Amt zurücktreten. Am 14. September hatte dann Kaiser Wilhelm II. dem Abschiedsersuchen entsprochen.

Zur Eröffnung der Westfälischen Provinzialsynode am 16. September 1905 in Soest konnte Gustav Nebe zum letzten Mal zur Synode sprechen. Er tat das nicht nur als dazu beauftragter „Kommissar des Kirchenregiments", sondern auch auf sehr persönliche Weise mit einem Wort, „das mir auf dem Herzen liegt", wie er sagte.

„Viel Dunkel lagert um uns her", hieß es in seiner Rede. Er wolle aber nicht von staatlichen, sozialen oder sittlichen Erscheinungen sprechen, sondern „nur die kirchliche Frage" berühren. Und dann erhob Gustav Nebe aufs Neue die „Forderung einer gläubigen Theologie auf den [theologischen] Lehrstühlen", wie sie schon auf der letzten Provinzialsynode laut geworden war. Gustav Nebe führte aus: „Menschenhände, vielfach in der guten Meinung, ein helleres Licht zu bringen, sind geschäftig, das von der ewigen Liebe in die dunkle Welt hineingesandte Licht auszulöschen und mit ruhigem Gewissen zu dekretieren: ‚Die ganze Offenbarungswelt ist für das moderne Bewußtsein verschwunden.' Es verlöscht ein

Stern nach dem andern; die Heilstatsachen und Heilsgeschichte sind keine göttlichen Wirkungen mehr, sondern nur Stadien des ringenden Menschengeistes, Mythen und symbolische Einkleidungen, Gesetz und Evangelium nicht Gotteswerk, sondern Gedanken der Menschen, zum Teil sehr unglückliche; ‚der Sohn gehört nicht in das Evangelium hinein, wie Jesus es lehrte.' Der Trost erschrockener Gewissen in dem Erlösungstod Jesu, der Friede der Mühseligen in dem wundertätigen Gott, der Gebete erhört, die Hoffnung des Sterbenden in dem Auferstandenen, sie versinken in Nacht. In ganz unzulässiger Weise wird die profanhistorische Methode angewendet auf die Gottestaten, der Kritizismus des endlichen Menschenverstandes an die unendliche Weisheit Gottes. Wer misset die Wasser des Meeres mit der hohlen Hand und den Himmel mit der Spanne? Geistliche Dinge müssen geistlich gerichtet werden ... Es wird unsere Sache sein, nicht zuzugeben, daß der feste Grund der Kirche zerstört werde. Wie von der christlichen Kirche gesagt ist: ‚Sie ist festgegründet', wie Paulus von ihr sagt, ‚daß sie ruhe auf dem Grund der Apostel und Propheten, da Jesus Christus der Eckstein ist', so heißt es speziell von unserer Provinzialgemeinde: ‚Die evangelische Kirche Westfalens und der Rheinprovinz gründet sich auf die hl. Schrift alten und neuen Testaments, als die alleinige und vollkommene Richtschnur ihres Glaubens, ihrer Lehre und ihres Lebens und erkennt die fortdauernde Geltung ihrer Bekenntnisse an.' ... Lassen Sie uns in gläubigem Vertrauen in die Zukunft schauen und freudig an unsere Arbeit gehen mit dem Gebet:

*Erhalte mich auf Deinen Stegen*
*Und laß uns nicht mehr irre gehen.*
*Laß meinen Fuß auf Deinen Wegen*
*Nicht straucheln oder stille stehn;*
*Erleucht' mir Leib und Seele ganz,*
*Du starker Himmelsglanz."*

Diese Rede ist ganz auf den Ton von theologischen Einsichten und Überzeugungen gestimmt, die Gustav Nebe schon immer eigen waren. Das kann natürlich als Zeichen dafür gelten, dass er sich – zumal „in kirchlich und theologisch erregten Zeiten" – selber im Innersten treu blieb. Aber könnte eine solche Treue nicht auch mit einem konservativen Denken zu tun gehabt haben, das ihn nicht dazu befreien konnte, einmal eingenommene Positionen einer kritischen Reflexion und womöglich auch einer Revision zu unterziehen?

Fast zum Schluss noch ein Rückblick auf den Beginn der Tätigkeit Gustav Nebes in Westfalen. Seinerzeit herrschte noch „Kulturkampf-Zeit", wenngleich sich im Jahre 1883, als Gustav Nebe in Münster sein Amt als Generalsuperintendent antrat, bereits ein Ende der Auseinandersetzung andeutete, die in den Jahren von 1871 bis 1887 zwischen Staat und katholischer Kirche geführt wurde – in Preußen und vor allem auch in Münster mit besonderer Heftigkeit. Als Antipoden im sogenannten „Kulturkampf" standen sich Bismarck und Papst Pius IX. gegenüber. Der eine darauf bedacht, ein Einflussnahme der katholischen Kirche auf Entscheidungen des Staates abzuwehren, der andere darauf, das Hineinregieren des Staates in Angelegenheiten der katholischen Kirche zu unterbinden. Ein besonderer „Casus Belli" war die im Jahre 1873 getroffene gesetzliche Regelung der staatlichen Schul- und Kirchenaufsicht, die den entschlossenen Widerstand der katholischen Kirche hervorrief, und das blieb für eine ganze Reihe von Bischöfen und kirchlichen Amtsträgern nicht ohne Folgen.

So wurde zum Beispiel gegenüber dem Münsteraner Bischof Johann Bernhard Brinkmann eine Strafe verhängt, als er sich weigerte, eine beabsichtigte Einstellung von Geistlichen zuvor (wie es nun gesetzlich geregelt war) dem Oberpräsidenten anzuzeigen. Weitere Maßnahmen gegen Bischof Brinkmann folgten: Er wurde inhaftiert, nach Verbüßung seiner Haft zum Rücktritt aufgefordert und (nach der Weigerung zurückzutreten) mit einem staatlichen Absetzungsverfahren bedroht. Daraufhin setzte er sich nach

Holland in's Exil ab, und kurz darauf wurde er durch Gerichtsbeschluss seines Amtes enthoben.

Als sich die Kulturkampf-Zeit unter dem neuen Papst Leo XII. langsam entspannte, konnte im Zusammenhang mit Begnadigungen verschiedener Bischöfe Ende Januar 1884 auch der Münsteraner „Bekenner-Bischof" Brinkmann begnadigt werden und sein Bischofsamt wieder ausüben.

Es traf sich, dass Gustav Nebe, Anfang Oktober 1883 in Münster Generalsuperintendent geworden, „einer der Ersten" sein konnte, „die dem gerade aus der Verbannung des Kulturkampfes zurückgekehrten Bischof Bernhard Brinkmann [...] die Aufwartung machten". So wenigstens August Nebe in seiner „Chronik der Familie Nebe". Und dort heißt es weiter: „Das Verhältnis Nebes zu seinem katholischen Mitbruder war im Laufe der Jahre eine wahre Freundschaft geworden." Außer August Nebe hat über diese besondere Freundschaft aber offenbar nur noch Gustav Nebes Sohn Hermann etwas gewusst und dazu einiges aufgeschrieben, das leider verlorengegangen ist. Auch andernorts sind keine Hinweise auffindbar, die auf die Begegnung von Gustav Nebe mit dem Münsteraner Bischof verweisen, auch nicht in den seit Beginn seiner Amtszeit von Gustav Nebe an seine Pastoren regelmäßig versandten „Hirtenbriefen". Aber es mag ja so gewesen sein, wie bei August Nebe beschrieben, der auch noch anfügt: „[Gustav Nebe verstand] es meisterlich, mit der katholischen Kirche Westfalens auszukommen". Warum sollte es auch, im Ansatz schon oekumenisch, *nicht* so gewesen sein? „Ein eiserner Rambo im ‚Kulturkampf' Bismarcks", wie es irritierenderweise in einer Erinnerung an Gustav Nebe heißt, ist er jedenfalls nie gewesen – ja, er hätte es wegen der fehlenden Robustheit seiner Statur und vor allem seiner irenischen Gemütsverfassung wegen wohl auch kaum sein können.

Als kurz nach Verabschiedung von Gustav Nebe aus Münster sein Nachfolger im Amt des Generalsuperintendenten, Wilhelm Zoellner, in der Presse hart dafür kritisiert wurde, dass er einem dem theologischen Liberalismus nahestehenden und von einer Dortmunder Gemeinde bereits gewählten Pastor die Anstellungsfähigkeit nicht zuerkannt hatte, wurde hin und wieder – mit einigem Respekt – auch an Gustav Nebe erinnert. Der sei, so hieß es unisono, zwar gleichfalls wie Zoellner „ein orthodoxer Reaktionär" gewesen, „doch alle die Jahre mit den liberal gerichteten Dortmunder Gemeinden im Frieden ausgekommen". Ja, so wurde er offenbar wahrgenommen: Streng orthodox und zugleich weitherzig und gesprächsbereit.

Schweren Herzens trennte sich Gustav Nebe im November 1905 von der ihm liebgewordenen Wirkungsstätte in Westfalen. Es begann die Zeit des Ruhestandes in Eisenach.

# 7.
## ALS RUHESTÄNDLER IN EISENACH

In der Zeit seines Eisenacher Ruhestandes wohnte Gustav Nebe in einem Haus unweit der Wartburg, das er und seine Frau sich vor ihrer Übersiedlung nach Eisenach rechtzeitig hatten bauen lassen. Auch im Ruhestand, der insofern nicht wörtlich zu nehmen ist, setzte sich sein arbeitsreiches Leben fort. Gern hielt er, wann immer er darum gebeten wurde, vertretungsweise Gottesdienste, ebenso gern ließ er sich bei Missionsfesten als Festprediger in Anspruch nehmen. Ganz besonders lag ihm an einer regelmäßigen Mitarbeit im Eisenacher „exegetischen Kränzchen", dessen Vor-

*Das Haus in Eisenach, Palmental 19, in dem Gustav Nebe*
*mit seiner Familie seit Ende 1905 als Ruheständler lebte.*

sitzender er bald wurde. Dabei mag ihm in Erinnerung gekommen sein, dass er sich im Studium mit Kommilitonen zur theologischen Arbeit in sogenannten „Kränzchen" traf, den „exegetischen" und auch den „dogmatischen". Bei der Planung von Kirchbauten wurde er zuweilen als Sachverständiger hinzugezogen, zum Beispiel auch in Tabarz: die dort entstandene Kirche galt nach allgemeinem Dafürhalten als besonders gelungen. Einiges schrieb er noch, zum Beispiel (wie erwähnt) über die Vorgeschichte des im Jahre 1892 eröffneten Rheinisch-Westfälischen Predigerseminars in Soest. Während des 1. Weltkrieges fand er sich zur Mitarbeit an einer in unregelmäßigen Abständen erscheinenden Verteilschrift mit dem Titel „Lebensbrot für Deutschlands Krieger" bereit, zu der er einige biblische (zugleich erbaulich und patriotisch wirkende) Betrachtungen beisteuerte.

Neben dem, was ihm Freude bereitete, gab es Abschiede zu verkraften: Am 26. Januar 1914 verstarb seine Frau, die ihm immer eine so „treue Gehilfin" war, um mit Bodelschwinghs Worten zu sprechen. Im September 1916 hatte er seinen Sohn Fritz zu beerdigen, und im Januar 1918 musste er Abschied nehmen von seinem älteren Bruder Hermann, der in Eisenach als Justizrat tätig gewesen war.

Es wurde stiller um ihn, aber vergessen war er nicht, auch nicht an „höchster Stelle". Zur Vollendung seines 80. Lebensjahres am 21. September 1915 erreichte ihn ein Geburtstagstelegramm des Kaisers, in dem es hieß: „Eingedenk Ihrer hervorragenden Verdienste um die Einrichtung und [den] Ausbau der westfälischen Provinzialkirche, als deren Oberhaupt Sie lange Jahre in Segen gearbeitet und gewirkt haben, nehme ich an Ihrem heutigen 80. Geburtstagsjubiläum herzlichen Anteil und sende Ihnen meine wärmsten Glückwünsche. Gottes Gnade geleite Sie auch fernerhin und schenke Ihnen noch einen langen und glücklichen Lebensabend zur Freude Ihres dankbaren Königs Wilhelm I. R.".

Geschwächt durch die Schlaganfälle in den Jahren 1909, 1916 und 1917 sowie einen schweren Sturz im Jahr 1918 und gebeugt durch den Zusammenbruch seines Vaterlandes und das Schicksal

seines Kaisers, der „ihn noch in den trüben Septembertagen 1918"
zum Domherrn von Zeitz ernannt hatte, wurde er von der Familie
seines Sohnes Hermann liebevoll umsorgt und gepflegt – wachen
Geistes bis zuletzt, dankbar für jede hilfreiche Handreichung und
getragen von Glaubensstärke und Zuversicht.

Gustav Nebe verstarb am 6. November 1919. Wie er es sich ge-
wünscht hatte, wurde er von seinem alten Roßleber Freund Pastor
Roscher begraben. „Wie ein Strahl ewigen Lichtes brach es über
die Trauergemeinde", so heißt es in einem Brief seines Sohnes
Hermann im Rückblick auf die Trauerfeier, „als von der Orgel her
das Lied jubilierte, das er so oft und mit Inbrunst auf seinem letzten Lager gesungen:

> ,Die güldne Sonne, voll Freud und Wonne bringt
> unsern Grenzen
> mit ihrem Glänzen ein herzerquickendes, liebliches Licht.
> Mein Haupt und Glieder, sie lagen darnieder;
> aber nun steh ich, bin dankbar (sic) und fröhlich,
> schaue den Himmel mit meinem Gesicht.'"

# NACHWORT

Ist denn nun wirklich alles so gedacht, gesagt und gemacht worden, wie hier beschrieben? Ist alles wirklich so geschehen?

Na ja, was zu einer bestimmten Zeit geschehen ist, kann (weil es sich so verknäult hat und weil es so komplex ist) niemals zur Gänze erfasst werden, so sehr man sich auch darum bemüht. Das gilt schon für die Ereignisse eines einzigen Tages, erst recht für alle Tage eines langen Lebens. Deshalb heißt es von Geschichtenerzählern und Geschichtsschreibern bei Sebastian Haffner ja auch: „Alles, was sie erzählen, mag wahr sein: Die ganze Wahrheit ist es nie".

# QUELLEN UND LITERATUR

## Gustav Nebe im Kontext der Geschichte seiner Familie

- August Nebe: Chronik der Familie Nebe (1634–1935). Typoskript. Halle/Saale, 1935.
- Geertje Fischer; Dr. Wolfgang Nebe; Fabian Nebe; Günter Nebe; Gerhard Huß: Chronik der Familie Nebe (1634–1935) nach Dr. D. August Nebe †. Fortgeschrieben und ergänzt 2011. In: Verein für Familienforschung e.V. Lübeck (Hrsg.). Lübecker Beiträge zur Familien- und Wappenkunde Heft 61. Lübeck 2011, S.17–51.
- Ricarda Horn: Eine deutsche Malerin und das 20. Jahrhundert. Festschrift für Susanne Kandt-Horn. [Darin als Kapitel 3 „Gustav": Erinnerung an Gustav Nebe, den Großvater von Susanne Kandt-Horn.] Ückeritz, 8.6.2014. Wikipedia http://www.susanne-kandt-horn.de/festschrift-susanne-kandt-horn/gustav/10.2.2015.

## Gustav Nebe in Roßleben

- Handgeschriebener Lebenslauf von Gustav Nebe im Kontext der Bewerbung zur Reifeprüfung am 10.4.1854 in der Klosterschule Roßleben. Vorhanden im Archiv der Klosterschule Roßleben.
- Handgeschriebene „Deutsche Arbeit" von Gustav Nebe, verfasst im Rahmen der am 10. April 1854 in der Klosterschule Roßleben abgelegten Reifeprüfung. Vorhanden im Archiv der Klosterschule Roßleben.
- August Nebe sen. (1826–1894): Die Klosterschule Roßleben. Roßleben o.J. Nachdruck des Heimatvereins Roßleben 1994.
- August Nebe sen. (1826–1894): Die epistolischen Perikopen des Kirchenjahres. Band 3, Wiesbaden 1870.
- Handgeschriebener Lebenslauf von Gustav Nebe, verfasst im Kontext der Meldung zum ersten theologischen Examen am 16. November 1857 in Halle/Saale. Vorhanden im Archiv der Evangelischen Landeskirche von Westfalen, Bielefeld.

## Gustav Nebe in Uichteritz

- Handgeschriebener Lebenslauf von Gustav Nebe bei Beginn seiner Tätigkeit als Pfarrer in Uichteritz am 9. Februar 1862. Vorhanden in der Chronik der Kirchengemeinde Uichteritz/Saale.

- Mitteilungen über Gustav Nebe in der Akte „Pfarrstelle Uichteritz 1852–1913/Rep. A. Spez. 6 Nr. 2552" des Archivs der Evangelischen Kirchen in Mitteldeutschland. Standort Magdeburg.
- Aufzeichnungen von Gustav Nebe in der Chronik der Kirchengemeinde Uichteritz für die Jahre 1862 bis 1867. Vorhanden im Archiv der Kirchengemeinde Uichteritz/Saale.
- Wolfgang Hoffmann: „Pfarrer Nebe und die Schweinigels von Uichteritz" [und andere Gustav Nebe betreffende Erinnerungen. Nach Überlieferungen erzählt.] Typoskript o. J. Vorhanden im Archiv der Kirchengemeinde Uichteritz/Saale.

### Gustav Nebe in Weißenfels

- Mitunterzeichnung eines Aufrufs von Gustav Nebe „Zur Errichtung eines Denkmals für die im Kriege 1870/71 gebliebenen Weißenfelser". In: Weißenfelser Kreisblatt. Tageblatt für Stadt und Land Nr. 10 vom 12. 1. 1872.
- Auszüge aus der Weihrede von Gustav Nebe anlässlich der Enthüllung des Novalis-Denkmals auf dem Weißenfelser Nicolai-Friedhof am 2. Mai 1872. In: Weißenfelser Kreisblatt. Tageblatt für Stadt und Land Nr. 106 vom 7. 5. 1872.
- Gustav Nebe: Die Stellung der Kirche zur Arbeiterfrage. Ein Wort an Alle, denen die Lösung der Frage am Herzen liegt. Halle 1872.
- Hinweis auf das Abschiedsmahl zu Ehren von Superintendent Nebe am 23. Juni 1874 in „Schumann's Garten". In: Weißenfelser Kreisblatt für Stadt und Land Nr. 137 vom 16. 6. 1874.
- Kurzbericht über den musikalischen Abschiedsgruß für Superintendent Nebe durch den Weißenfelser „Bürgergesangverein (Kirchenchor)" am 21. Juni 1874. In: Weißenfelser Kreisblatt. Tageblatt für Stadt und Land Nr. 143 vom 23. 6. 1874.

### Gustav Nebe in Halberstadt

- Gustav Nebe: Conrad von Krosigk, Bischof von Halberstadt. Ein Lebensbild. In: Zeitschrift des Harz-Vereins 13. Halberstadt 1880, S. 209–227.
- Historische Commission der Provinz Sachsen (Hrsg.): Die Kirchenvisitationen des Bistums Halberstadt in den Jahren 1564–1589, nebst einer Einleitung enthaltend die Geschichte der Einführung der Reformation im Halberstädtischen. Nach Quellen bearbeitet von Gustav Nebe. Halle 1880.

- Handgeschriebene Liste aller Dom- und Oberdomprediger Nr. 21 [mit Kurzinformationen über Gustav Nebe]. Lt. Mitteilung „Domschatz Halberstadt" vom 16. 3. 2015.
- „Bau- und Restaurierungsmaßnahmen in und am Dom während der Amtszeit des Dr. Nebe." In: Kirchenkalender „Dom und Domschatz Halberstadt" o. J.
- „Verzeichnis Sammlung vom Dom. Gesammelt von Nebe bis 1882." Städtisches Museum Halberstadt o. J.
- Mitteilungen über Gustav Nebe in Verbindung mit der Erinnerung an die 25. Wiederkehr der Einweihung der „Herberge zur Heimat" am 7. Mai 1882. In: Halberstädter Zeitung vom 7.5.1907.
- Gustav Nebe: Abschiedspredigt im Dom zu Halberstadt am 30. September 1883. Städtisches Museum Halberstadt o. J.
- Sonderdruck: „Ihrem hochgeehrten und geliebten Superintendenten Herrn Oberdomprediger Gustav Nebe bei seinem Abschiede als berufener Generalsuperintendent von Westfalen die dankbaren Pfarrer seines Kirchenkreises. Halberstadt den 24. September 1883."

**Gustav Nebe in Münster**
- „Hirtenbriefe" von Gustav Nebe an die Pfarrer der Kirchenprovinz Westfalen. Vorhanden unter Nr. 0.00 alt – Generalakten des Konsistoriums Nr. 38 im Landeskirchlichen Archiv der Evangelischen Kirche von Westfalen. Bielefeld.
- Gustav Nebe: Opfere Gott Dank! Zur Erinnerung an die fünfzigjährige Wirksamkeit des Gustav-Adolf-Vereins in der Provinz Westfalen. Münster 1894.
- Heinrich Niemöller (Hrsg.): Hinauf nach Jerusalem. Gedenkbuch der offiziellen Festfahrt zur Einweihung der Erlöserkirche in Jerusalem. Berlin 1899. Vorhanden unter W 2068 im Landeskirchlichen Archiv der Evangelischen Kirche von Westfalen. Bielefeld.
- Festpredigt des Herrn Generalsuperintendenten D. Nebe über Offb. St. Joh. 3, 7–13 am Reformationsfest dem 4. November 1900 zum Gedächtnis des 300-jährigen Bestehens der evangelischen Gemeinde Bruchhausen/ Synode Paderborn, gehalten in der Kirche zu Bruchhausen.
- Gustav Nebe: Evangelische Gemeindegründungen im 19. Jahrhundert. In: Jahrbuch für Westfälische Kirchengeschichte Bd. 5. 1903, S. 1–88.
- „Rede des Königlichen Kommissars, Herrn Generalsuperintendent D. Nebe." In: Verhandlungen der vierundzwanzigsten Westfälischen Provinzial-Synode zu Soest am 16. September bis 4. Oktober 1905 (Anlage 2). Soest 1905, S. 5–7.

- Letzte Predigt des Herrn Generalsuperintendenten, Wirklicher Konsistorialrat D. Nebe, gehalten in der Erlöserkirche zu Münster am 29. Oktober 1905 beim 2. Jahresfest des Evangelischen Vereins für Innere Mission in der Synode Münster. Vorhanden unter W 12197 im Landeskirchlichen Archiv der Evangelischen Kirche von Westfalen. Bielefeld.
- Gustav Nebe: Zur Vorgeschichte des rheinisch-westfälischen Predigerseminars. In: Jahrbuch für Westfälische Kirchengeschichte Bd. 8 (1906), S. 128–137.

### Gustav Nebe in Eisenach
- Briefe Friedrich von Bodelschwinghs an Generalsuperintendent D. Nebe, Eisenach. (Briefe vom 16.10.1907, vom 13.11.1908 und von Ende November 1909). Vorhanden im Hauptarchiv der v. Bodelschwinghschen Stiftungen Bethel, Bestand HAB F. v. B. d. Ä.
- Gustav Nebe: Andacht über Psalm 103, 17.18. In: Adolf Müller (Hrsg.): Lebensbrot für Deutschlands Krieger Heft 4, Hamburg 1915.
- Geburtstagstelegramm des Kaisers zum Geburtstag von Gustav Nebe am 21. September 1915, der Vollendung seines 80. Lebensjahres. Vorhanden im Familienbesitz.

### Nachtrag
- Hermann Nebe: Zum Heimgange von D. theol. Gustav Nebe. Typoskript. Eisenach, 15. November 1918. Vorhanden im Familienbesitz.
- Brief von Professor Hermann Nebe, Eisenach, an seinen Großneffen Dr. Martin Nebe, Bocholt, vom 4.11.1960. Vorhanden im Familienbesitz.

*Außer den als Quellen genannten Texten ist – verteilt auf die einzelnen Kapitel – folgende LITERATUR herangezogen worden:*

### 1. DER GENERALSUPERINTENDENT I.R. UND DIE BESONDERE GESTALT SEINES FRÜHEREN AMTES

- Danielsmeyer, Werner: Die evangelische Kirche von Westfalen. Bekenntnisstand, Verfassung, Dienst an Wort und Sakrament. Witten 1965.
- Landeskirchliches Archiv der Evangelischen Kirche von Westfalen (Hrsg.): Drei Kutscher auf einem Bock. Die Inhaber der kirchlichen

Leitungsämter im evangelischen Westfalen (1815–1996). Text: Bernd Hey, Ingrun Osterfinke. Schriften des Landeskirchlichen Archivs der Evangelischen Kirche von Westfalen Bd. 3, Bielefeld 1996.

- Liermann, H.: Artikel „Generalsuperintendent". In: „Die Religion in Geschichte und Gegenwart", 3. Auflage Bd. 2, Tübingen 1958, Sp. 1376–1377.
- Neuser, Wilhelm H.: Evangelische Kirchengeschichte Westfalens im Grundriß. Beiträge zur Westfälischen Kirchengeschichte Bd. 22. (Neue Folge der Beihefte zum Jahrbuch für Westfälische Kirchengeschichte) Bielefeld 2002.
- von Thadden, Rudolf: Kirche im Schatten des Staates. Zur Problematik der evangelischen Kirche in der preußischen Geschichte. In: Hans-Jürgen Puhle; Hans-Ulrich Wehler (Hrsg.): Preußen im Rückblick. (Geschichte und Gesellschaft, Sonderheft 6.) Göttingen 1980, S. 146–175.

## 2. GEPRÄGT DURCH ELTERNHAUS, SCHULE UND STUDIUM

- Barth, Karl: Die protestantische Theologie im 19. Jahrhundert. Bd. 2. 3. Auflage, Hamburg 1960.
- Nowak, Kurt: Geschichte des Christentums in Deutschland. Religion, Politik und Gesellschaft vom Ende der Aufklärung bis zur Mitte des 20. Jahrhunderts, München 1995.
- Stephan, Horst; Schmidt, Martin: Geschichte der evangelischen Theologie in Deutschland seit dem Idealismus. 3. Auflage, Berlin · New York 1973.

## 3. LANDPFARRER IN UICHTERITZ

- Arndt, Günter: Rund um den Schwedenstein. 350 Jahre Gustav Adolf und Lützen. 1. Auflage, Berlin 1981.
- Besier, Gerhard: Religion · Nation · Kultur. Die Geschichte der christlichen Kirchen in den gesellschaftlichen Umbrüchen des 19. Jahrhunderts. Neukirchen-Vluyn 1992.
- Neugebauer, Wolfgang: Geschichte Preußens. Hildesheim 2004.
- Schlenke, Manfred (Hrsg.): Preußen (Ploetz). Eine historische Bilanz in Daten und Deutungen. Köln o. J.

## 4. OBERPFARRER UND SUPERINTENDENT
## IN WEISSENFELS

- Heidenreich, Ulrich: Mut zur Tat. Johann Hinrich Wichern.
  Begründer der Inneren Mission. Fundus-Reihe 19. Hamburg 1997.
- Krimm, Herbert (Hrsg.): Quellen zur Geschichte der Diakonie.
  Bd. 2: Reformation und Neuzeit [zur Mitarbeit von Geistlichen an der
  Lösung sozialer Fragen], Stuttgart 1963.
- Novalis: Gesammelte Werke. Frankfurt/M. 2008.
- Ullmann, Hans-Peter: Das Deutsche Kaiserrecht 1871–1918. 1. Auflage,
  Frankfurt/M. 1995.

## 5. OBERDOMPREDIGER UND SUPERINTENDENT
## IN HALBERSTADT

- Findeisen, Peter: Halberstadt. Dom, Liebfrauenkirche, Domplatz.
  Königsstein/Taunus 2012.
- Freiligrath, Ferdinand: „Die Trompete von Vionville". In: Alfred Rausch
  (Hrsg.): Auswahl deutscher Gedichte für höhere Schulen von Theodor
  Echtermeyer. 45. Auflage, Halle 1926, S. 703f.
- Greschat, Martin: Protestanten in der Zeit. Kirche und Gesellschaft in
  Deutschland vom Kaiserreich bis zur Gegenwart. Stuttgart 1994.
- Maseberg, Günter (Hrsg.): 100 Jahre Geschichte 1905–2005.
  Das Museum – Die Stadt – Die Halberstädter. Nordharzer Jahrbuch.
  Sonderband (23), Halberstadt 2005.
- Schüttlöffel, Friedrich; Leuschner, Gerald: Der Dom zu Halberstadt.
  Große Baudenkmäler Heft 405, München Berlin 1990.

## 6. DER GENERALSUPERINTENDENT
## DER KIRCHENPROVINZ WESTFALEN IN MÜNSTER UND
## VIZEPRÄSIDENT DES DORTIGEN KONSISTORIUMS

- Bachmann, Hans; van Spankeren, Reinhard: Diakonie: Geschichte
  von unten. Christliche Nächstenliebe und kirchliche Sozialarbeit in
  Westfalen. Bielefeld 1995.
- Bismarck, Otto Fürst von: Gedanken und Erinnerungen. [Der Text folgt
  der im Verlag der Cotta'schen Buchhandlung Nachfolger 1898 in Stuttgart erschienenen zweibändigen Ausgabe.] Köln 2015.

- Bodelschwingh, Gustav von: Friedrich v. Bodelschwingh. Ein Lebensbild. 13. gekürzte Auflage, Bielefeld 1966.
- Fenske, Hans: Freiherr vom Stein. Reformer und Moralist. Darmstadt 2012.
- Gerhardt, Martin; fortgeführt von Adam, Alfred: Friedrich von Bodelschwingh. Ein Lebensbild aus der deutschen Kirchengeschichte, 2. Bd. Das Werk/Zweite Hälfte, Bielefeld 1958.
- Gramlich, Bernhard: Bodelschwingh, Bethel und die Barmherzigkeit. 2. Auflage, Gütersloh 1966.
- Heidenreich, Ulrich: Mut zur Tat. Johann Hinrich Wichern, Begründer der Inneren Mission. Fundus Reihe 19, Hamburg 1997.
- Hellmann, Manfred: „ ... und sonst sterben sie drüber." Perspektiven aus dem Leben des Friedrich von Bodelschwingh. Bielefeld 1983.
- Hofmann, Hans-Joachim: Offensive Diakonie. Sonderdruck der Seiten 263–344 aus Vonhoff, Heinz; Hofmann, Hans-Joachim: Samariter der Menschheit. München 1977.
- Krimm, Herbert (Hrsg.): Quellen zur Geschichte der Diakonie Bd. 2: Reformation und Neuzeit [aus Wicherns Rede vor dem Wittenberger Kirchentag 1848], Stuttgart 1963.
- Lohmann, Dieter: Die Handschrift des Vaters. In: Unsere Kirche. Evangelisches Sonntagsblatt für Westfalen und Lippe. Nr. 9/1. März 1981.
- Peters, Christian; Kampmann, Jürgen (Hrsg.): 200 Jahre evangelisch in Münster. Beiträge aus dem Jubiläumsjahr. Beiträge zur Westfälischen Kirchengeschichte Bd. 29. (Neue Folge der Beihefte zum Jahrbuch für Westfälische Kirchengeschichte). Bielefeld 2006.
- Philipps, Werner: Wilhelm Zoellner. Mann der Kirche in Kaiserreich, Republik und Drittem Reich. Beiträge zur Westfälischen Kirchenge-schichte Bd. 6. (Neue Folge der Beihefte zum Jahrbuch für Westfälische Kirchengeschichte). Bielefeld 1985.
- Rottschäfer, Ulrich: 100 Jahre Predigerseminar in Westfalen, 1892–1992. Bielefeld 1992.
- Ruhbach, Gerhard (Hrsg.): Kirchliche Hochschule Bethel 1905–1980. Bielefeld 1980.
- Stoll, Gerhard E. (Hrsg.): Kirche zwischen Ruhr und Weser. Das evangelische Westfalen. 4. Auflage, Bielefeld 1980.
- Wehr, Gerhard: Herausforderung der Liebe. Johann Hinrich Wichern und die Innere Mission. Stuttgart 1983.

# BILDNACHWEIS

- Johannes Friedrich Ferdinand Gustav Nebe (1835–1919)
  Foto: J. Genvitz, Hofphotograph, Eisenach. Vorhanden im Familienbesitz.
- Johannes Friedrich Ferdinand Gustav Nebe (1835–1919), Generalsuper-
  intendent der Evangelischen Kirche von Westfalen 1883–1905.
  Foto: Bielefeld. Landeskirchliches Archiv der Evangelischen Kirche von
  Westfalen LKA EKvW 25F 25b.
- Gustav Nebe und seine Ehefrau Luise Anna, geb. Hempel.
  Foto: H. Knetsch, Photograph, Münster/Westf.
  Vorhanden im Familienbesitz.
- Die evangelische Kirche St. Andreas zu Roßleben im Jahre 1928
  anlässlich ihrer Weihe vor 200 Jahren.
  Quelle: Archiv des „Heimatverein Roßleben e.V.".
- Das evangelische Pfarrhaus in Roßleben „Am Mühlengraben".
  Quelle: Archiv des „Heimatverein Roßleben e.V.".
- Evangelische Kirche Uichteritz mit ehemaliger Schule.
  Foto: Joachim Hornickel, Uichteritz.
- Das am 6.11.1837 eingeweihte Gustav-Adolf-Denkmal bei Lützen.
  Quelle: Gustav-Adolf-Gedenkstätte Lützen.
- Die im Jahre 1303 geweihte frühgotische Hallenkirche St. Marien
  in Weißenfels. Daneben das Rathaus.
  Quelle: Stadtarchiv Weißenfels (SF/II/29/03).
- Das am 2.5.1872 auf dem Weißenfelser Nicolai-Friedhof enthüllte
  Novalis-Denkmal.
  Quelle: Stadtarchiv, Weißenfels (SFIII/37/51).
- Der im Jahre 1491 geweihte Dom zu Halberstadt. (Der erste Vorgänger-
  bau, „der karolingische Dom", wurde im Jahre 859 geweiht, der zweite
  Vorgängerbau, „der ottonische Dom" im Jahre 992.)
  Quelle: Historisches Stadtarchiv Halberstadt (Fotosammlung Dom –
  Südansicht 117).
- Die Trompete des August Binkebank. Er blies damit im Deutsch-
  Französischen Krieg 1870/71 in der Schlacht von Mars la Tour zum
  Sammeln.
  Quelle: Städtisches Museum Halberstadt (WZ 4 030).

- Die evangelische Erlöserkirche zu Münster vor ihrer Zerstörung am 12. Juni 1943.
  Quelle: Stadtarchiv Münster (Fotosammlung Nr. 418).
- Der Erinnerungsschrein, der Generalsuperintendent D. Gustav Nebe aus Anlass seiner Verabschiedung aus dem Amt des Generalsuperintendenten im Jahre 1905 von Seiten der Westfälischen Provinzialsynode zum Geschenk gemacht wurde, das sogenannte „Nebe-Kästchen".
  Quelle: Landeskirchliches Archiv der Evangelischen Kirche von Westfalen in Bielefeld
- Das Haus in Eisenach, Palmental 19, in dem Gustav Nebe mit seiner Familie seit Ende 1905 als Ruheständler lebte.
  Foto: Vorhanden im Familienbesitz.

# NAMENVERZEICHNIS

# DANK

Wohl kaum hätte meine Schrift über das Leben und Wirken von Gustav Nebe in der Form, wie sie nun vorliegt, erscheinen können, wären mir nicht viele Hilfen zuteil geworden. Ich denke an Mithilfen in Gestalt von Literaturhinweisen und beim Recherchieren, hier besonders beim Aufspüren und „Aufdecken" manch verborgener, wenigstens nicht immer leicht auffindbarer Quellen.

In diesem Zusammenhang bin ich Frau Elke Wichmann, der Leiterin des Archivs der Stiftung Klosterschule Roßleben, für die Ermöglichung der Einblicke in Gustav Nebes „Roßleber Zeit" dankbar, vor allem auch für den Einblick in Gustav Nebes „Abiturakte" mit dem handgeschriebenen Lebenslauf und der engagierten „Deutsch-Klausur" des Abiturienten.

Herrn Joachim Hornickel aus Uichteritz verdanke ich die Einsichtnahme in die Uichteritzer Kirchenchronik, in der sich für die Zeit von 1862 bis 1868 Eintragungen von Gustav Nebe finden, als er Pfarrer in Uichteritz war. Seinen Eintragungen in die Kirchenchronik hat er einen Lebenslauf vorangestellt. Herrn Hornickel bleibe ich auch dankbar für die kleinen originellen Geschichten über Gustav Nebe, auf die er aufmerksam gemacht hat.

Herrn Pfarrer i.R. Otto Rössig aus Magdeburg danke ich für seine Recherchen im Magdeburger Archiv der Evangelischen Kirchen in Mitteldeutschland.

Frau Silke Künzel, die Leiterin des Stadtarchivs von Weißenfels, hat in den Zeitungsbänden des „Weißenfelser Kreisblattes" der Jahre 1863 bis 1874 recherchiert und ist dort auf Spuren der Tätigkeit von Gustav Nebe gestoßen, der seinerzeit in Weißenfels Oberpfarrer und Superintendent war. Auf diese Weise sind beispielsweise Passagen der „Weihrede" zum Vorschein gekommen, die Gustav Nebe vor Enthüllung des Novalisdenkmals im Jahre 1872 auf dem Weißenfelser Nicolai-Friedhof gehalten hat. Für ihr hilfreiches Engagement bin ich Frau Künzel sehr dankbar.

Auf meiner „Dankeliste" steht auch Frau Anette Bartl, die (nun im Ruhestand lebende) frühere Leiterin des Historischen Stadtarchivs Halberstadt. Dankbar bin ich ihr für manche Hinweise auf Gustav Nebes Halberstädter Zeit von 1874 bis 1883, besonders für ihre Hinweise auf die „Schätze" des Städtischen Museums Halberstadt und die dort vorliegende Predigt von Gustav Nebe im Halberstädter Dom, mit der er sich 1883 nach seiner Tätigkeit als Oberdomprediger und Superintendent verabschiedet hat.

Über die Zeit von 1883 bis 1905, während der Gustav Nebe Generalsuperintendent der Kirchenprovinz Westfalen war, konnte ich vieles in meiner früheren Heimat Bethel in Erfahrung bringen, wo seit einiger Zeit zwei Archive (zwar voneinander getrennt, aber doch unter einem Dach) vorhanden sind: das Archiv der Evangelischen Kirche von Westfalen und das Archiv der von Bodelschwinghschen Stiftungen Bethel. Mein Dank für die große Unterstützung meiner Arbeit gilt Herrn Wolfgang Günther, dem kommissarischen Leiter des Archivs der Evangelischen Kirche von Westfalen, sowie Frau Hildegard Kuhlemann vom Archiv der von Bodelschwinghschen Stiftungen.

Bei allen „Bildgebern", die im Bildnachweis einzeln aufgeführt sind, bedanke ich mich für die Überstellung der erbetenen Bilder und die Erteilung der Veröffentlichungsgenehmigung.

Anita Schlehenkamp, meiner früheren Betheler Mitarbeiterin, gilt mein herzlicher Dank für aufwendige Recherchen, für die verlässliche Betreuung des Manuskripts und die Erstellung der Druckvorlage.

Frau Inge Rolfsmeier aus Löhne (Menninghüffen) danke ich für die Ermöglichung der Einsicht in die Korrespondenz von Gustav Nebe mit dem bekannten Erweckungsprediger Theodor Schmalenbach aus Menninghüffen und seiner Ehefrau, der Liederdichterin Marie Schmalenbach.

Und last not least geht ein Dank an Stephanie Heine aus Groß-enkneten für die bereitwillig übernommenen, immer wieder erforderlichen Kopierdienste.

**Horst Leweling**
*Huntlosen, im September 2017*

# BEIGABEN

Aus einer Festpredigt von Generalsuperintendent Gustav Nebe am Reformationsfest vom 4.11.1900 über Offb. St. Joh. 3, 7–13 in der evangelischen Gemeinde Bruchhausen (Synode Paderborn).

*Jesu Kraft sei deine Stärke!*
*„Du hast eine kleine Kraft und hast mein Wort behalten*
*und meinen Namen nicht verleugnet"*
*(Offb. St. Joh. 3, 8b).*

*Philadelphia war eine kleine Gemeinde, geringe Leute wohnten dort, die Wogen des Weltverkehrs rollten an ihr vorüber. Sie hatte menschlicher Weise eine kleine Kraft, – aber sie hatte Jesum und sein Wort, das machte sie stark!*

*Das ist ein Grundgesetz im Reiche Gottes, daß seine Kraft in dem Schwachen sich mächtig erweist, daß er erwählt, was vor der Welt nichts ist.*

*Denkt doch, Freunde, an die heiligen Stätten, wo der Heiland der Welt lebte und wirkte! Ich bin in Bethlehem gewesen, ein kleines Städtlein, eine armselige Höhle, – und da ist der Heiland geboren. Ich war in Nazareth in Galiläa, war an dem Marienbrunnen mitten im Orte, dem einzigen Quellbrunnen des Städtleins, zu dem wohl oft der Jesusknabe mit seiner Mutter ging, Wasser zu schöpfen, – da wuchs der Jesusknabe auf, da entfaltete sich die Himmelsblüte; ich stand an dem gelben, unscheinbaren Jordan, – und hier wurde das Christkind getauft und die Stimme von oben sprach: „Das ist mein lieber Sohn, an dem ich Wohlgefallen habe!" Ich durfte auf dem See Genezareth eine Andacht halten, dort lag Magdala, Kapernaum. Bethsaida, und fern im Norden der Hermon, auf dessen Spitze vor den drei Jüngern Petrus, Jakobus und Johannes der Herr verklärt wurde. Lauter stille, geringe Orte ohne weltlichen Glanz, ohne äußere Herrlichkeit. Aber während Ninive und Babels, Athens und Roms Herrlichkeit verging, blieben diese Orte leuchtende Sterne, – die Fischer Galiläas sind hoch* über alle Weisen dieser Welt erhaben, ihren Worten lauscht die ganze Welt, aus ihren Worten schöpft ein Jahrhundert nach dem andern Licht und Kraft.

Die evangelische Kirche giebt nicht bunte Gewänder oder äußere Ehren, sie verleiht nicht Macht und begehrt nicht zu herrschen: sie trägt nicht Königspurpur, sondern Magdsgewand, sie will zwar nicht Menschensklavin, wohl aber Gottesdienerin sein. Getreu dem Worte dessen, der gekommen ist, „nicht daß er sich dienen lasse, sondern daß er diene", ist Dienen ihre Freude und ihr Beruf und wer der Erste sein will, will Aller Knecht sein.

Liebe Gemeinde, so sei allein Jesu Kraft auch deine Stärke. Stelle dich nicht dieser Welt gleich. Sei stark in dem Herrn und in der Kraft seiner Stärke.

Dort in der Stadt Worms in gefahrdrohender Stunde traten die deutschen Ritter zu Martin Luther, lüpften ihre Schwerter und frugen: „Sollen wir helfen?" Da fiel Luther ihnen in den Arm und rief ihnen zu: „mit nichten, ihr Herren, stecket das Schwert an seinen Ort, – das Wort solls thun." Das Wort Gottes, Jesus allein!

Es kam eine Gesandtschaft aus heidnischem Lande nach England, um der mächtigen Königin zu huldigen. Die Gesandten frugen: „wie kann das kleine England eine solche Herrschaft in der weiten Welt ausüben?" Da ging die Königin in ihr Arbeitszimmer, holte ihre Bibel und sagte auf dieselbe deutend: „Hier ist die Kraft."

Ja, Jesus, sein Wort ist die Kraft. Jesu Name ist Kraft und Held, er macht das Kleine groß und das Schwache stark.

Fabian Nebe:
„Lebensstationen von Gustav Nebe (1835–1919)"
in den Landgrenzen seiner Zeit und den Außengrenzen
des Deutschen (Kaiser-)Reichs (1871–1918)

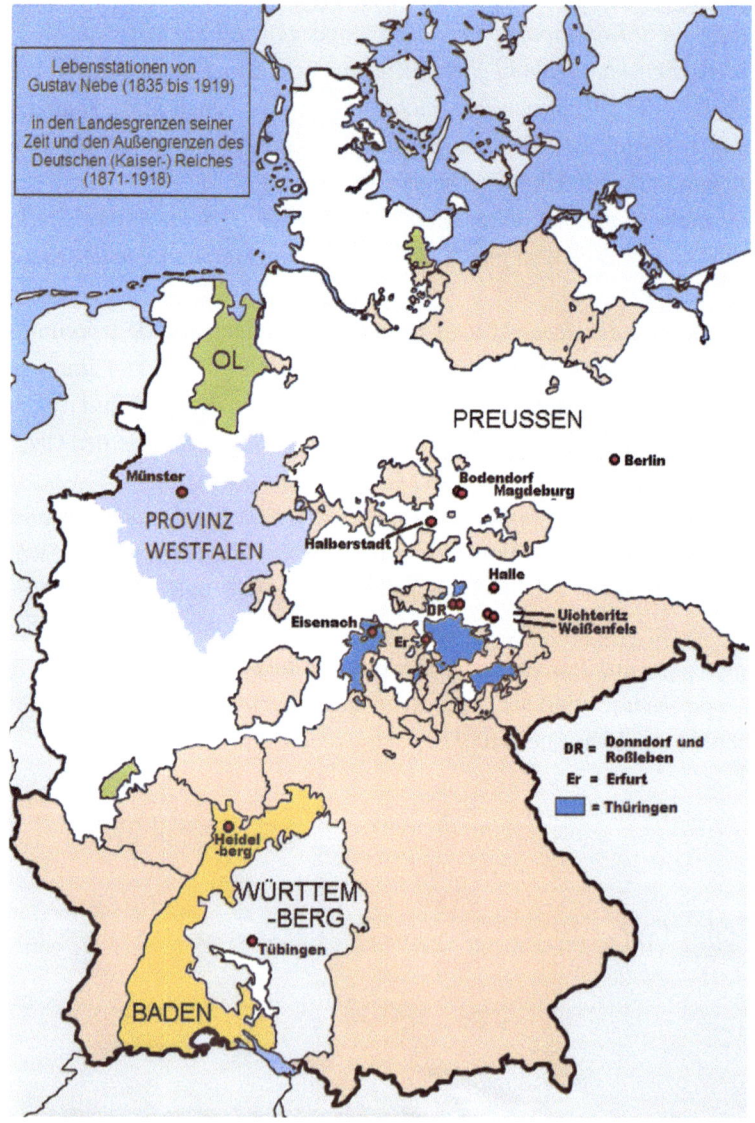